LINDA GIESE

Bewusstsein next level

7 Tools für die **Neue Zeit**

Die Menschheit steht an der
historischen Schwelle in eine neue Wirklichkeit.
Ein Zurück gibt es nicht mehr.
Lass uns also nach vorn gehen.
Nach vorn in die Neue Zeit.

INHALT

LASS UNS ZU LEUCHTTÜRMEN WERDEN

Im Sommer 2018 erfasste mich eine tiefgreifende Zukunftsvision. Heute weiß ich, es war die Ankündigung einer Einweihung. Ich saß nach einem ausgedehnten Spaziergang an einem Waldrand in der Eifel und sinnierte über den Sinn des Lebens. Plötzlich und völlig unerwartet trat ich für gute drei Stunden aus meinem Körper aus und erhielt eine ausführliche spirituelle Unterweisung für den Bewusstseinswandel der Neuen Zeit.

Die Dringlichkeit ebenso wie die Unabwendbarkeit des anstehenden Bewusstseinswandels hat mich zu diesem Zeitpunkt sehr überrascht, denn weit und breit schien mir unsere westliche Welt im Großen und Ganzen in Ordnung zu sein.

Ein gutes Jahr später brach weltweit der sichtbare Start der angekündigten Veränderung über uns herein, ausgelöst durch ein Virus, die daraufhin von den Regierungen dieser Welt getroffenen Maßnahmen und die zunehmende Spaltung der Gesellschaft in Befürworter und Gegner dieser Maßnahmen. Seither sind wir mittendrin im Strudel der Veränderungen und viele von uns sind hin- und hergerissen zwischen ängstlichen Zweifeln und beflügelnder Zuversicht. Wir sind auf dem Weg in die Neue Zeit und dabei, unser Bewusstsein grundlegend zu wandeln.

Ich selbst wurde seit diesem Sommertag in der Eifel in den sieben wichtigsten Schritten für diesen Bewusstseinswandel unterrichtet. Genau diese sieben Schritte für den Übergang in die Neue Zeit möchte ich in diesem Buch mit dir teilen. Es soll dir helfen, die historisch einmalige Veränderung, die wir als Menschheit derzeit erfahren, lichtvoll zu meistern.

SIEBEN TOOLS, DIE DICH IN DIE NEUE ZEIT FÜHREN

Obwohl wir einen Bewusstseinswandel normalerweise nicht lernen können, sind mir im Zusammenhang mit den sieben Schritten sieben außergewöhnliche Trainingstools geschenkt worden, mit denen wir diesen Shift lichtvoll aktivieren und unterstützen können. Da ich persönlich nicht an Zufälle glaube, denke ich, dass du, wenn du dieses Buch in den Händen hältst, bestimmt auch dazu berufen bist, ein Leuchtturm der Neuen Zeit zu sein. Es wird sehr viele solcher Leuchttürme in der erst einmal chaotisch wirkenden Zeit des Wandels brauchen.

> Unser Bewusstsein, unsere Wahrnehmung, unsere Herzen werden in dieser Zeit aufbrechen, damit wir in Richtung Licht angehoben werden können.

Es öffnet sich eine höhere Bewusstseinsdimension, damit wir in eine neue, für uns noch nicht vorstellbare höhere Ordnung der Gemeinschaft und der Verbundenheit mit allem Leben finden. Diese Bewusstseinsdimension geht weit über unsere bekannten Ideologien, unseren Verstand und unser Vorstellungsvermögen hinaus.

Dieses Buch schenkt dir außergewöhnliche Einblicke in die faszinierende Wirkmacht deines Bewusstseins. Jedoch gleicht es einem Bahnhof, wenn du es nur liest. Es ist nicht die Reise selbst. Es zeigt dir auf, wohin die Reise gehen kann, wenn du in den Zug einsteigst und die hier angebotenen Tools nutzt. Dieses Buch begleitet dich durch alle Stationen, die du auf deiner Reise zu deinem göttlichen Sein durchläufst. Denn genau das macht die Neue Zeit aus: Wir Menschen sind uns unseres göttlichen Seins bewusst.

Ein Buch über dieses Neue Bewusstsein zu schreiben, ist eine echte Herausforderung und ausschließlich aus der Perspektive des schon geglückten Übergangs in die Neue Zeit möglich. Du wirst angeleitet, dich von den Ketten deines bisherigen engen Bewusstseins zu befreien und dich auf die höheren Wahrheiten der Neuen Zeit auszurichten. Die folgenden Kapitel wollen dich ermutigen, mit Liebe und Vertrauen all die wundervollen Facetten deines lichtvollen Seins zu aktivieren und den Weg in die Neue Zeit mit Freude und Selbstbestimmtheit zu gehen.

Neue Zeit, neues Bewusstsein

VOM DUNKLEN INS GOLDENE ZEITALTER

Die derzeitige Menschheit hat eine Realität erschaffen, die sich in »grenzenlosem« Wachstum und Ausbeutung verstrickt hat, in Gier und das düstere Spiel von Macht und Ohnmacht. Wir haben unsere Seele an den Konsum verraten und uns zu einer parasitären und zerstörerischen Zivilisation hin entwickelt, die kaum noch menschliche Werte wie Empathie, Gemeinschaftlichkeit oder Fairness kennt.

Diese Ära wird das dunkle Zeitalter genannt – und sie neigt sich nun dem Ende zu. Während das uns Bekannte vergeht, entsteht eine neue Welt, die von den Weisen vieler spiritueller Traditionen als ein »goldenes Zeitalter« beschrieben wird.

Diese Neue Welt ist im Einen Bewusstsein längst definiert und befindet sich auf einer für uns noch nicht greif- und wahrnehmbaren Frequenzebene. Diese Welt wird von uns Menschen durch eine neue Bewusstheit erschaffen oder besser ausgedrückt: ins Wahrnehmbare geholt. Die dafür nötige Bewusstseinsdimension dürfen wir uns jetzt erschließen, indem wir bisher Erlerntes vervollständigen und eine erweiterte Art der Wahrnehmung entwickeln. Anders, als wir annehmen, ist unsere aktuelle Realitätswahrnehmung nämlich nicht die absolut und alleinig gültige.

DIE ZYKLEN DES BEWUSSTSEINS

Unsere Wahrnehmung hat im Laufe der Zeit schon verschiedene Epochen durchlaufen, die völlig andere Realitäten widerspiegelten, und jedes Mal wurden sie als die absolute Wahrheit angesehen. Doch handelt es sich immer nur um unterschiedliche begrenzte Perspektiven, aus denen heraus wir auf das Absolute schauen. Holen wir uns ganz kurz ins Verständnis: Alles ist Geist. Das Geistige ist die Grundsubstanz jeglichen formlosen wie formvollendeten Ausdrucks und es ist sich seiner selbst bewusst. Das Bewusstsein hat viele perspektivische Zyklen durchlebt, bis es am aktuellen, am tiefsten Punkt der dichten Materie angekommen ist. Dieser tiefste Punkt versetzt das Bewusstsein in die Lage, Energie, Information und Materie getrennt voneinander wahrzunehmen. Es ist ein Zeitalter der Trennung, die es so vorher nicht immer gab.

Über verschiedene Wahrnehmungszyklen ist das Bewusstsein immer tiefer in die Dichte der Materie hinabgesunken. Am Beginn dieses Weges, am höchsten Punkt, hat es sich als Nichts erfahren. Es begann sich zu fragen: »Wer bin ich und wer kann ich sein?« Dadurch erfuhr es sich nach und nach als Wesenheit der Information in Form von Gedanke und Vorstellung. Es erlebte sich als Wesen des Klangs und als Licht. Als seelische Wesenheit in Form von Energie, Gefühl und Schwingung. Als ätherisches Wesen der Feinstofflichkeit und als sich verdichtende Feststofflichkeit.

Das Bewusstsein begann zu spielen. Es experimentierte mit verschiedenen Arrangements von Information, Energie und Feinstofflichkeit. Zu Anfang spielte es mit allen drei Wahrnehmungsmöglichkeiten und erschuf formlose göttliche Schönheit, in der Energie, Feinstofflichkeit und Information nicht getrennt waren. Alles schwang fließend miteinander verwoben.

Als sich das Bewusstsein bereits in der Menschenform verdichtet hatte, probierte es weiter unterschiedliche Seinsweisen aus. So etablierte sich eine Kombination von Energie und Materie, die den Geist isolierte. Diese Phase erlebten wir mit einem animalischen, sinnlich fühlenden, instinktiven und leidenschaftlichen Ausdruck. Es war die Welt der Magie und der Mystik. In einem späteren Zyklus erforschte das Bewusstsein den Geist und die Materie als Kombination, was eine technologisch hoch entwickelte Zivilisation hervorbrachte. Es dominierten Intelligenz und Materie, Gefühle existierten in diesem Zyklus eher jenseits der Wahrnehmung.

Dann gab es einen Zyklus, der die Materie in den Hintergrund rückte. Hier kombinierte das Bewusstsein die Gefühle und das Geistige. Alles wirkte feinstofflich. Ein paradiesischer Zustand, den wir als engelsgleich beschreiben könnten. Das war auch die Phase, in der sich die Engel in die Menschheitsgeschichte eingewoben haben. Davor waren es eher die mystischen Fabel- und Götterwesen, die vom menschlichen Bewusstsein wahrgenommen und in die Geschichten und Legenden eingebaut wurden.
Darauf folgend kamen wir in unserem jetzigen Zyklus an, der wie zu Anfang alle drei Instanzen von Materie, Empfindung und Denken kombiniert, nur sind sie diesmal nicht im Bewusstsein miteinander verwoben, sondern voneinander getrennt.

Dieser aktuelle Zyklus wird auch das dunkle Zeitalter genannt und damit ist die Reise durch die genannten Perspektiven vollbracht.

Alle Zyklen und Kombinationen sind erfahren, bis in die absolute Trennung hinein. Wir befinden uns daher jetzt im Wandel hinein in einen neuen Zyklus und können schon wahrnehmen, wohin wir uns entwickeln werden. Das Bewusstsein dreht jetzt die Richtung. Es stößt sich, bildlich gesprochen, vom Grund des Bodens ab und schießt spiralförmig in die Höhe, um sich mit der Wahrnehmungsfähigkeit der mehrdimensionalen Ganzheit rückzuverbinden. Dieser Bewusstseinsaufstieg des Menschen ist ein Quantensprung, hinein in den Zyklus der Neuen Zeit. In ein goldenes Zeitalter, in dem wir als Mensch mit einer mehrdimensionalen Wahrnehmungsfähigkeit das göttliche Bewusstsein verkörpern und eine dementsprechende Welt mit einer ganz neuen Lebenskultur erschaffen.
Für den Übergang in die Neue Zeit durchlaufen wir in unserem irdischen Sein nun eine drastischen Werte- und Bewusstseinserneuerung.

Unser bisheriges Überlebens- und Sicherheitsdenken beginnt sich zu transzendieren, zugunsten einer lebensfreundlichen Herzensbildung und Weisheit. Wir beginnen uns als göttliches Gefäß auszubilden und uns als eine kollektive Wesenheit zu begreifen. Wir übernehmen Verantwortung für unsere Gedanken und lassen uns durch unsere geistige Intelligenz informieren. Wir werden immer weniger manipulierbar und begreifen die Dringlichkeit, selbstständig außerhalb der uns bisher vorgegebenen engen Strukturen zu denken. Wir denken nicht mehr nur mit unserem kleinen engen Verstand, sondern ebenfalls mit dem Herzen, mit unserer Seele und unserem Geist. Wir beginnen, alles höher und weiter, tiefer und zusammenhängender zu erfassen. Wir durchlaufen als lebendige Menschen die transzendierende Phase des Loslassens und Freigebens. Dadurch erzeugen und ermöglichen wir als Einzelne wie als Kollektiv eine Realität des Einklangs und der Harmonie im Zusammenleben mit der gesamten Schöpfung.

DIE EIGENEN WÜNSCHE IN DEN WANDEL EINBRINGEN

Du erhältst mit diesem Buch die Möglichkeit einer wunderschönen Reise, die auch eine Verwandlung deiner Person und deiner Lebensumstände beinhalten kann, wenn du das möchtest. Ein großer kollektiver Wandel ist immer mit der Veränderung der Einzelnen verbunden. Deine Verwandlung kann geschehen, wenn du dein Wesen und auch deine eigenen Schöpfungen verstehst, sie durchlebst, sie integrierst und schließlich wieder transzendierst.

Um dich auf diese spannende Reise in dein erweitertes Bewusstsein mitzunehmen und dich dafür zu stärken, vielleicht auch schwierigere Passagen dieses Buches interessiert zu meistern, arbeiten wir zusätzlich auch immer wieder mit deiner ganz persönlichen Motivation und deinen Wünschen. Ich will dich nicht nur zum Lesen anregen, ich möchte dich inspirieren, mit den Inhalten zu arbeiten, um einen tiefgreifenden Nutzen aus dem Buch zu ziehen. Beginnen wir daher direkt zu Anfang mit deiner ganz persönlichen Intention.

Deine Intention

Hol dir bitte etwas zu schreiben und beantworte dir die folgenden Fragen schriftlich, bevor du weiterliest. Nimm dir Zeit dazu und schau tief in dich hinein. Wir werden deine Antworten gleich noch einmal brauchen:

- Was hat dich persönlich motiviert, dieses Buch zu lesen?
- Was erhoffst du dir von diesem Buch?
- Was möchtest du gern an dir oder deinem Leben verändern?
- Wohin soll sich dein Leben verändern?
- Welche offenen Fragen soll dir der Inhalt dieses Buches beantworten?
- Welche Fähigkeiten erhoffst du dir über dieses Buch zu gewinnen?

DREI INSTANZEN UNSERES SEINS

Jetzt sind wir schon mittendrin im Thema: Es geht um Bewusstsein. Du hast dir bewusst gemacht, was dir wichtig ist. Je klarer wir wissen, was wir wollen, umso wirksamer ist alles, was wir dafür tun. Unsere Aufmerksamkeit ist zielgerichtet und die Energie unserer Gefühle wirkt als Intention aus sich selbst heraus. Das von uns Angestrebte hat durch unsere klar definierte Vorstellung eine Form erhalten. Energie sucht immer eine Form, in die sie hineinströmen kann.

Aus diesem Grund sind klare Vorstellungen und innere Bilder eine hervorragende Methode, um das Gewünschte auch zu erreichen. Eine klare Vorstellung gehört zur Welt der Information. Neben der informativen Kraft eines klar vorgegebenen Rahmens ist Energetisierung die zweite maßgebliche Kraft, die am Realisieren unserer Wünsche beteiligt ist. Energetisierung geschieht mittels der Schwingung unserer Gefühle. Deswegen ist es wichtig, nicht nur mit der Information von Bildern und Vorstellungen zu arbeiten, sondern auch zu fühlen, wie sich das Gewünschte anfühlt. Dieser Vorgang ist magisch, da wir allein durch die zwei Aspekte von Information und Energie aus dem Feld der möglichen Zukunft eine wahrscheinliche Zukunft hervorbringen.

Es ist nicht so, wie wir üblicherweise annehmen, dass wir uns auf die Zukunft zubewegen oder Zukunft einfach so zu uns kommt. Die Zukunft existiert längst in unzähligen Realitäten und Möglichkeiten, die außerhalb unseres aktuellen Wahrnehmungsspektrums liegen. Wenn Zukunft »geschieht«, hat sich lediglich eine der unzähligen Möglichkeiten in unseren Wahrnehmungsbereich hinein verdichtet.

Das geschieht über Frequenzangleichung. Das im verborgen Liegende, wir nennen es Zukunft, ist für uns so lange unsichtbar, bis es sich mit der für uns wahrnehmbaren Frequenz deckt. Vereinfacht ausgedrückt, erzeugst du mithilfe deiner klaren Vorstellung und Intensivierung deiner Gefühle eine Frequenz in dir, die das Gewünschte magnetisch in dein Wahrnehmungsspektrum ziehst. Du nutzt für diesen Vorgang dein dir persönlich zur Verfügung stehendes Bewusstsein. Stell dir Bewusstsein wie eine riesige Produktionsstätte vor, die beständig erzeugt und das Erzeugte in sich selbst erfährt.

Bewusstsein zeigt ein zweigeteiltes Frequenzmuster: Es strebt nach außen und intensiviert sich nach innen. Durch das Nach-außen-Streben steht es mit dem Geistigen in Verbindung und gibt den zu entstehenden Plan vor. Durch das Nach-innen-Intensivieren dringt es mit den Gefühlen der Seele in das Entstehende ein und erfährt das Erschaffene.

Du bist vom und im Bewusstsein hervorgebracht
und das Bewusstsein erfährt dich in sich.

Du als menschliches Wesen bist ein Teil des Bewusstseins und trägst somit alle Informationen und schöpferischen Eigenschaften in dir. Es gehört zum Inkarnationszyklus, dass wir uns dessen immer bewusster werden.

Hast du dir die Fragen in der obigen Reflexion beantwortet und hast du dir bewusst gemacht, was dir als Person wichtig ist? Dann hast du einen Plan in Aktion gerufen und auch schon Energie hineingegeben. Das Bewusstsein, das wir als Person nutzen können, ist jedoch nur ein winziger Teil des Möglichen – es ist nur eine Instanz von dreien. Lass uns daher noch die zwei weiteren Instanzen unseres Seins nutzen, auf die wir uneingeschränkt Zugriff haben. Beide sind sich ihrer selbst bewusst und wirken aus sich selbst heraus. Wenn du also herausfinden möchtest, wie du dein Bewusstsein und seinen Einfluss auf dein Leben intensivieren kannst, solltest du dir diese Instanzen etwas genauer ansehen.

PERSON

In der ersten Instanz sprechen wir von uns als Person. Die Person, die du bist, liest gerade dieses Buch und hat die Fragen beantwortet. Du bist dir der Person, die du bist, bewusst und nimmst deine psychische ebenso wie deine körperliche Verfassung, dein Denken, Fühlen und dein Wollen aktiv wahr. Eine Person ist die Vereinigung von Körper, Verstand und Psyche. Geprägt durch Erziehung, Umfeld und deine Erfahrungen bist du die Person geworden, die du heute bist. Deine Person bestimmt, wie du dich und die Welt wahrnimmst und wie du auf die Geschehnisse in deinem Leben reagierst. Als Person kreieren wir die Dramen und die Begierden in unserem Alltag. Persönlichkeitsentwicklung ist daher ganz wichtig, sollte meiner Meinung nach jedoch nicht ausschließlich in Richtung Selbstoptimierung und Wunscherfüllung der Person streben, sondern eher in Richtung Integration der zweiten Instanz.

MENSCH

Diese zweite Instanz bildet der Mensch in der Metaebene. Er ist die Vereinigung von Geist, Seele und kosmischem Leib. Mit Geist ist nicht der Verstand gemeint, sondern die Wesenheit der Informationen. Diese Wesenheit hat deinen denkenden Verstand hervorgebracht und steht mit ihm eng in Verbindung. Deine Seele hat ihrerseits deine Psyche erschaffen und ermöglicht dir das Empfinden. Der kosmische Leib ist nicht dein stofflicher Körper, sondern jene ätherische Wesenheit, die als organisierendes lebendiges Prinzip deinen feststofflichen Körper und seine Gestalt hervorgebracht hat und weiterhin seine Lebensprozesse gewährleistet.

Die Unterscheidung von Person und Mensch halte ich für grundlegend, um unseren Bewusstseinswandels hinauf auf das nächste Level zu begreifen. Dieser Wandel hat zum Ziel, die Wirkmacht der Wesenheit Mensch bewusst in die Person zu integrieren.

Widmen wir uns beim Menschen einmal speziell der Wirkmacht der Seele. Die Seele ist die kosmische formlose Energie, die aufgrund ihrer intensiv fühlenden und verbindenden Eigenschaften maßgeblich für unseren Bewusstseinswandel und auch für unsere persönliche Wunscherfüllung ist. Die Wünsche, die wir als Person äußern, sollten somit immer im Einklang mit unserer Seele sein, damit sie sich verwirklichen können. Erinnere dich, die Energetisierung deiner Vorstellung erzeugt das Gewünschte. Die fühlende Seele bringt Leben in deine Ideen. Deine Seele ist eine fühlende Wesenheit und ergießt sich über die unterschiedlichen Gefühle ins Leben. Ihre Welt ist bunt und klangvoll, sinnlich und verbindend. Sie ist eine formlose Energie, die sich in den verkörperten Formen über das Fühlen erfährt und einbringt. Als fühlende Wesenheit ist sie in ihrer Beschaffenheit harmonisch und ausgleichend, ausgewogen und in Balance.

Jede Seele ist ein Kunstwerk der Besonnenheit. Jede hat ihr ganz individuelles Wesen und ihr ganz eigenes Temperament. Sie ist ehrlich, makellos, unbestechlich, nicht verführbar und rein. Sie ist von ihrem Wesen her fließend. Die Welt der Seele ist das sich Ergießen, das sich Auflösen im Wechselbad der Gefühle. Ob Leid oder Freude, sie erfährt sich in beidem, in einer für uns unvorstellbaren Intensität. Sie ist ausschließlich fühlend und obwohl sie zwar nicht denkend ist, orientiert sie sich an ihren Werten, als eine sich ihrer selbst bewusste Wesenheit. Während wir die Welt über unsere physischen Sinne erfahren, fühlt die Seele die Schwingung des Klangs, die Schwingung der Farben, die Schwingung von Duft und Geschmack, die Schwingung von Berührung. Sie hat keine Vorstellung von Ideen und ist deswegen nicht manipulierbar. Sie hat keine Vorstellung von Materie, fühlt diese jedoch in ihrer Schwingung.

Wie fühlt deine Seele deine Intention?

Widme dich noch einmal deinen Antworten aus der vorherigen Reflexion und finde das reine Gefühl zu dem jeweils Benannten. Versuche dich nicht an Ideen und Vorstellungen festzuhalten, sondern nimm wahr, wie deine Seele das von dir Angestrebte fühlt. Sollte sich eine von dir gegebene Antwort als nicht stimmig herausstellen, nimm dir Zeit und korrigiere.

Bei den meisten Menschen gehen die Wünsche nicht in Erfüllung, weil sie im Bewusstsein als Person stecken bleiben und die Seele außer Acht lassen. Oder sie fühlen ganz viel und lassen die klare Vorgabe des Geistes unberücksichtigt.
Mithilfe dieses Buches werden wir Stück für Stück unser Bewusstsein als Person um das Bewusstsein als Mensch erweitern – um dann die dritte und elementarste Bewusstseinsebene in Besitz zu nehmen. Die dritte Instanz ist nämlich die, die wir das Selbst, manchmal auch das göttliche Selbst nennen. Das Selbst als Hologramm oder Speicherbild Gottes besteht aus der Energie, der Information und den Eigenschaften Gottes. Es ist unbegrenzt im Hinblick auf Zeit, Raum und Wissen. Als gigantische Datenbank ist es das Meer aller Ursachen und sich seiner selbst bewusst.

SELBST

Das Selbst projiziert sich auf vielerlei Art ins All und dehnt sich in sich selbst aus. Es erschafft im Ätherraum die absolute Realität, alle Universen und parallelen Realitäten. Dieser schöpferische Vorgang erzeugt die Frequenz eines gigantischen Klangs, der in der Vollkommenheit des gesamten Klangspektrums gleichberechtigt, wertfrei und in Liebe zum Ausdruck kommt. Somit befindet sich das Selbst, als das Eine göttliche Bewusstsein, in allem, was existiert. Im Sichtbaren und für uns Unsichtbaren, im Feststofflichen und im Feinstofflichen genauso wie im Nichtstofflichen. Das Selbst überdauert deine Körperlichkeit und durchflutet dein gesamtes Wesen, dein Sein als Person und als Mensch. Das Selbst kann niemals nicht sein. Alles, was du warst, bist und sein wirst, ist Ausdruck des göttlichen Selbst. Auch dein Geist und dein Verstand, deine Seele und deine Psyche, dein kosmischer Leib und dein Körper sind vom Selbst durchdrungen. Es erfährt sich als Bewusstsein, in all deinen Bestandteilen und Ausdrucksformen und auch in jeder anderen Form als ewige Klangsinfonie des »Ich bin«. Das Selbst ist die Wesenheit, die wir das Eine Bewusstsein nennen.

> Du hast kein Selbst, du bist das Selbst, das einen Menschen und eine Person in sich birgt.

Bewusstsein Next Level bedeutet somit nichts Geringeres, als dass wir unser begrenztes, persönliches Bewusstsein durchdringen und uns mit dem unbegrenzten Bewusstsein und damit auch mit all unseren Potenzialen verbinden.

DIE NEUE ZEIT ERLEBEN

Wann immer ich an diesem Buch schreibe, tue ich dies aus der mir höchstmöglichen Warte meines Bewusstseins heraus. So ist es auch heute. Ich spüre, es herrscht auf unerklärliche Weise eine magische Stimmung. Ich sitze am Morgen auf meiner Glückstreppe und die Energie wandelt sich binnen Sekunden in eine höhere Frequenz. Mein ganzer Körper ist erfasst von einer unwirklichen Stimmung, die Farben werden total intensiv und ich habe eine tiefe Verbindung mit allem, worauf ich schaue. Es fühlt sich so an, als ob ich alles bin, was mich umgibt. Ich nehme das, was ist, aus der Warte des Selbst wahr. Es gibt aus dieser Perspektive nichts, was ich nicht bin, weder das Haus noch die Pflanzen. Ich nehme mich wahr im Wasser, das an meinen Garten grenzt, und in der hübschen weißen Brücke, die beide Wege entlang des Wassers miteinander verbindet. Ich bemerke, wie mein Verstand versucht, sich einzuschalten, um diese ungewöhnliche Wahrnehmung zu analysieren.
Kennst du das von dir persönlich? Du erlebst eine magische Stimmung oder eine unerklärliche Situation und sofort versucht dein Ver-

stand, alles zu erklären, zu benennen und zu sezieren? Wenn du das schon einmal bemerkt hast, hast du bestimmt auch gespürt, wie dadurch die Magie sofort erlischt. Viel schöner ist es, in einem solchen Moment mit deinem Geist und deiner Seele in Verbindung zu bleiben. Sie haben es dir ermöglicht, dass du die herrliche Magie überhaupt wahrnehmen kannst.

Heute rät mir mein Geist, mich tief auf diesen Moment einzulassen. Das tue ich und einmal durchatmend werde ich innerlich wieder ruhig. Ich lasse alles zu und bleibe in der rein beobachtenden Wahrnehmung. Augenblicklich vertieft sich der Prozess wieder und sogar die Grenzen zwischen meiner Gegenwart und unserer möglichen Zukunft verschwimmen. Ich gleite innerlich wahrnehmend in die Zukunft und stelle fest: Sie scheint eine ganz neue Welt zu sein. Nicht nur eine optimierte und verbesserte alte Welt, nein, die Neue Welt ist eine ganz andere Welt. Eine Welt der Liebe und des Friedens.

Ich betrete die Neue Zeit, in der sich das Bewusstsein der Menschheit längst gewandelt hat. Von einem ichzentrierten Bewusstsein als Person hin zu einem Gemeinschafts- und Kollektivbewusstsein als Mensch und als Selbst, im Einklang mit allem Leben auf diesem Planeten.

In der Gegenwart beginne ich schreibend festzuhalten, was ich wahrnehme, und mir ist, als ob die Worte schon da wären und nur noch den Weg auf das Papier zu finden brauchen. Ich spüre die magische Gewissheit, dass dieses Buch geschrieben werden möchte. Es scheint ein Geschenk zu sein, geschrieben aus der Zukunft an unsere jetzige Realität.

Fasziniert schaue ich mich um und bin rasch eingefangen von der wunderschöne Szenerie, die sich vor meinen inneren Augen entfaltet. Ich bin als Zukunfts-Ich in dieser mir eigenartig vertrauten und doch noch fremden Welt präsent und gleichzeitig eine stille, staunende Beobachterin aus der Vergangenheit. Eine wirklich verrückte Erfahrung, in der mein Verstand sofort Alarm zu schlagen versucht. Erstmals bemerke ich hier die große Herausforderung. Meinen Verstand kann ich mit seiner herkömmlichen Denkweise nur partiell gebrauchen, wenn es mir gelingen soll, dieses Buch aus der authentischen Perspektive von »Bewusstsein Next Level« zu schreiben. Diese Schwierigkeit zu meistern, beleuchtet den ersten wichtigen Baustein, dem wir uns gleich widmen werden: die Überwindung der Dominanz unseres Personenverstandes. Wir müssen uns über die Identifikation mit unserem Denker erheben.

Während ich die Zukunft beobachte, fällt mir auf, warum mich diese Szenerie so tief in meinem Herzen berührt. Die Natur hat sich erholt. Es muss etwas Gigantisches zwischen unserer gegenwärtigen Zeit und der Neuen Zeit geschehen sein. Diese Veränderung ist für mich nur durch einen Bewusstseinswandel der Gesellschaft zu erklären. Wir leben in der Neuen Zeit mit der Erde im Einklang. Generell scheint es mir, als schwinge eine höhere Frequenz in dieser neuen Welt. Als besonders auffällig empfinde ich dies bei den Menschen, die ich beobachten kann, einschließlich mir selbst. Es geht eine Ruhe und Freiheit von ihnen, von uns aus. Strahlend leuchtende Augen schauen aus unseren Gesichtern, die einen gelassenen, glücklichen Zustand widerspiegeln. Fasziniert suche ich nach der Ursache. Ich beobachte mich in meiner Wahrnehmung und versuche die Unterschiede zu dem von mir gewohnten Seinszustand als Person herauszustellen. Schlagartig wird mir klar: Es ist die tiefgründige Wahrnehmung über das Herz, statt über den Verstand, was diese Liebe, den freien Zeitgeist, die Ruhe und die Gelassenheit möglich macht. Wir fühlen viel intensiver, reiner und klarer. Es wirkt auf mich, als würden Sensoren über unser Herz gigantische Schwingungsinformationen wahrnehmen und aussenden. Wir beherrschen die Kommunikation über unser Herz mit allen uns umgebenden Energien. Anders als in unserer heutigen rationalen Zeit ist in der Neuen Zeit die Herzensweisheit, die geistige Fähigkeit und die körperliche Intelligenz gleichwertig wahrnehmbar.

Und noch etwas ist verwirrend anders: Wir trennen Vergangenheit, Gegenwart und Zukunft nicht mehr. Die drei Zeiten bilden in uns eine urteilsfreie Neutralität, die sich über die drei Instanzen Seele, Körper und Geist ausdrücken. Unsere Seele ist absichtslos und ihr bahnbrechendes Geschenk liegt unter anderem darin, dass sie immer im jetzigen Moment präsent ist. Sie repräsentiert die Gegenwart. Während der kosmische Leib ordnet und körperliche Abläufe gewährleistet, repräsentiert er das Gewordene, sprich, die Vergangenheit. Der Geist steht durch seine Visionen und Geistesblitze mit dem noch zu Werdenden in Verbindung, sprich, der Zukunft.

Für unseren Bewusstseinswandel haben wir den stärksten Zugang zu unserem erweiterten Bewusstsein über die Seele, im Hier und Jetzt. Das Tor zur Seele ist unser Herz und die Sprache der Seele ist unser Gefühl und die Intuition.

In der Neuen Zeit sind wir wach präsent und uns der Großartigkeit des Lebens fühlend und geistig bewusst, sodass wir jede Erfahrung mit all unseren physischen Sinnen genießen. Uns muss ein großer Sprung gelungen sein, denn unser waches Bewusstsein ist nicht mehr abgelenkt durch die Unbewusstheit der Persönlichkeit. Dadurch können wir uns tief auf die Erfahrung des Lebens einlassen und sind uns der größeren Zusammenhänge gewahr. Aus diesem Grund sprechen wir auch in unserer jetzigen Realität vom Erwachen des Menschen. Wir erwachen in unser wahres Sein und verlassen die dreidimensionale Realitätswahrnehmung der Getrenntheit und des personenbezogenen Dramas.

DIE ZEIT DES ERWACHENS

Anfangs kann das Erwachen in die Neue Zeit hinein ein verwirrendes Gefühl auslösen, als ob wir zwischen zwei Welten wanderten. Wir fühlen uns häufig hin- und hergerissen und leiden vielleicht unter Stimmungsschwankungen. Viele Menschen, die ich begleite, empfinden die aktuelle Zeit als unruhig und sind unsicher, ob sie auf dem richtigen Weg sind. Auch mir ging es so und ich muss nach wie vor sehr achtsam sein. Schließlich sind wir ja während der Phase des Übergangs im ganz normalen Alltag mit der Alten Welt, den Regeln, den Bürokratien und mit anderen Menschen in Berührung. Doch mit der Zeit und ein bisschen Übung werden wir immer sicherer und bleiben längere Abschnitte mit dem unpersönlichen Bewusstsein verbunden. Wir beginnen als Mensch und als Selbst zu agieren.

Diese Fähigkeit ist unsere natürliche Veranlagung, die du aller Wahrscheinlichkeit nach schon in irgendeiner Form als Kind erlebt hast. Besonders bis zum dritten Lebensjahr sind Kinder der mehrdimensionalen Wahrnehmung fähig, erst danach bildet sich langsam ihr urteilender Verstand aus. Bis dahin sind sie noch stark mit der Seele, dem Geist und ihrem kosmischen Leib in Kommunikation. Ihre staunende Begeisterungsfähigkeit und ihr lustvolles sich Einlassen auf Erfahrungen ist ein erkennbarer Ausdruck dessen. Es ist sehr schade, dass dies in unserer zivilisierten Welt schon früh abgeblockt wird. Über Strafe, Maßregelung und Erwartung, aber auch über Komplimente und Belohnungen stören wir den natürlichen Entfaltungs- und Erfahrungsfluss der Kinder. In natürlichen Lebenskulturen wie bei indigenen Völkerstämmen wird Bewertung nicht als Erziehungsstil genutzt, sondern man sieht Kinder als gleichwertige kosmische Wesen an, die ihre Erfahrungen machen. Es wird Respekt und Achtung vor allem Leben vorgelebt und Kinder sind ganz natürlich in den Kreislauf des Stammes und der Familie eingebunden. Ihnen wird gelehrt, dass die Erde ein lebendiges fühlendes Wesen ist, das es zu schützen und zu achten gilt. Kinder spielen dort nicht, um fürs Leben zu üben, sondern sind ganz natürlich in die verantwortungsvollen Beiträge für den Stamm, die Familie und die Erde einbezogen. Die Indigenen sagen, fürs Leben braucht man nicht üben, einzig für den Krieg und die Übervorteilung muss man üben.

DIE FEINERE WAHRNEHMUNG KLEINER KINDER

Ich persönlich empfinde es als schmerzhaft verzerrt, wie wir in unserer zivilisierten Welt Kinder wahrnehmen und ihnen unsere Vorstellungen aufzwingen. Ich hab es selbst nicht besser gewusst, als meine Tochter noch klein war. Ihr eine natürliche Entfaltung zu ermöglichen, sie einzubinden in die Verantwortung für die Gemeinschaft, anstatt sie zu erziehen, ist mir damals auch schwergefallen. Umso mehr freue ich mich auf die Neue Zeit, insbesondere für unsere Kinder, die ebenso wie wir ein vollkommener Ausdruck der Schöpfung sind.

Wie hast du als Kind die Welt erlebt?

Nimm dir einmal kurz Zeit und reflektiere über deine Wahrnehmung als Kind. Wie hast du die Welt wahrgenommen? Erinnerst du dich daran, wie du den Zauber, der in allem verborgen ist, gespürt hast?
Oftmals erinnern wir uns an nicht so tolle Erfahrungen als Kind. Doch spür mal tiefer rein. Kannst du dich an die Magie der Fantasie und deine Art der Wahrnehmung als Kind erinnern?

Wenn ich mich zurückversetze, hab ich immer schon Wesen aus anderen Welten wahrgenommen, die andere nicht sehen konnten. Meine Welt war bunt, verzaubernd und voller Magie. Auch in die Zukunft einzutauchen, ist als Kind schon meine natürliche Veranlagung gewesen, die mich allerdings meistens belastet hat. Damals konnte ich diese Wahrnehmungen nicht einordnen und lange nicht bewusst steuern. Ständig übermannten mich Bilder, die so klar waren, dass ich nicht unterscheiden konnte: Was ist das Jetzt und was ist die Zukunft?

Als ich etwas größer wurde und realisierte, dass nur ich die Welt so wahrnahm und mir vertraute Menschen all das nicht sehen konnten, was ich sah, fühlte ich mich sehr allein und nicht länger beschützt. Ich bekam nachts schlimme Albträume und Ängste im Wachzustand. Erst kurz nach meinem zwölften Lebensjahr wandelte sich das unbeholfene Ausgeliefertsein an diese Fähigkeiten in einen bewussten Zugang. Ausgelöst wurde dies durch den plötzlichen Tod meiner Mutter. Zwei Wochen zuvor sagte ich ihr, dass wir dringend Fotos von ihr machen müssten, damit wir ein Andenken an sie hätten, wenn sie bald sterben würde. Sie selbst empfand sich als nicht fotogen und verdrückte sich immer, sobald eine Kamera um die Ecke kam. Geschockt sah sie mich an, schließlich war sie erst zweiunddreißig, kerngesund und nichts wies darauf hin, dass sie bald sterben könnte.

Es war nicht so, dass ich gesehen habe, wie sie stirbt, es war eher ein tiefes Wissen in mir, dass sie schon sehr bald nicht mehr da sein würde. In meiner Wahrnehmung war sie plötzlich nicht mehr anwesend und ich fühlte die tiefe Traurigkeit, ihren Verlust und die Verwahrlosung im Rest unserer Familie. Vierzehn Tage später verunglückte sie tödlich mit ihrem Auto.

Das ist ein eher trauriges Beispiel dafür, wie sehr wir mit allem in Verbindung stehen und daher auch mit dem, was geschehen wird. Ein neutraleres Beispiel ist, dass ich im Alter von etwa sieben Jahren wahrgenommen habe, dass es eine Welt geben wird, in der viele Menschen ihren banalen Alltag filmen und diese Bilder dann veröffentlichen. Die Welt der Influencer war in den Siebzigern noch undenkbar. Wie kann es sein, dass ich so klar wahrnehmen konnte, was geschehen wird?

Vergangenheit, Gegenwart und Zukunft sind ein Gleichzeitigkeitsgeschehen. Das Bewusstsein erlebt alle Aspekte des Seins in der Gleichzeitigkeit, durch Vertiefung und Weite, statt in zeitlich linearen Abläufen. Einzig die Person ist nicht in der Lage, all die Informationen gleichzeitig aufzunehmen und zu verarbeiten. So durchläuft das wahrnehmende Bewusstsein der Person alle Informationen dosiert nacheinander. Es entsteht der Eindruck von linearer Zeit, bestehend aus Vergangenheit, Gegenwart und Zukunft. Lassen wir uns auf das erweiterte Bewusstsein als Mensch ein, ist es ganz natürlich, einen Zugang zu zukünftigen Ereignissen zu haben und eine steuernde, richtungsweisende Funktion einzunehmen. Aus dem erweiterten Bewusstsein heraus können wir wahrnehmen, was sich ereignen wird, und auch beeinflussen, welche Erfahrung wir ansteuern. Als Person können wir lediglich wählen, wie wir auf das, was geschieht, reagieren.

DAS SCHAMANISCHE WAHRNEHMEN

Am Tag des tödlichen Unfalls meiner Mutter wurde ich aus meiner kindlichen Welt geschleudert. Heute weiß ich, es war eine Einweihung. Und es sollten noch viele weitere folgen, bevor ich all das nutzbringend anzuwenden wusste. Ich erkannte, dass es bei mir nicht um die besondere Fähigkeit geht, in die Zukunft zu sehen, sondern mir fehlt einfach ein Wahrnehmungsfilter. Jahrzehnte später erlebte ich in meiner schamanischen Ausbildung, dass meine Art der Wahrnehmung vergleichbar ist mit dem schamanischen Sehen. Ein Schamane ist in der Lage, über das materiell Offensichtliche hinauszuschauen. Er ist in der Lage, physisch in der Welt zu sein und sich gleichzeitig durch den Hyperraum (mit mehr als drei Dimensionen) zu bewegen und dort zu wirken. Er sieht die Energien, die Vergangenheit und die Zukunft. Er nimmt mit seinen feinstofflichen Körpern und seinen physischen Sinnen wahr, seinen Augen, seinen Ohren, seiner Nase, seiner Zunge und seiner Haut. Ein Schamane ist mit den ihn umgebenden Informationen beständig im Austausch und verarbeitet sie mit seinem gesamten Sein. Er denkt nicht, sondern er wird informiert. Seinen Verstand nutzt er, um die Informationen zu übersetzen. Manche Schamanen sind sogar in der Lage, noch höhere Ebenen zu betreten und dort über ihre reine Präsenz zu wirken, was sich dann auf alle darunter liegenden Ebenen auswirkt. Hier entscheidet sowohl die Reinheit als auch die Größe des Bewusstseins. Jegliches Ego, jegliche Manipulation blockiert den Zugang zu diesen Ebenen. Pflanzen zum Beispiel haben ihr Bewusstsein in diesen hohen Sphären verortet, da sie die einzigen Lebewesen auf unserem Planeten sind, die keinerlei Ego besitzen.

Als Heranwachsende wusste ich nicht, dass es Menschen gibt, die so wahrnehmen wie ich. Damals wusste ich auch nicht, dass die gesamte Menschheit einmal diese Fähigkeit entwickeln wird. Dass dieses Vermögen, im Hyperraum zu wirken, einmal wichtig sein wird, um für die Menschheit und den Planeten Liebe, Respekt und Frieden zu erschaffen.

WER KÖNNTEN WIR SEIN? MIT EINEM WEITEN, UMFASSENDEN BEWUSSTSEIN?

Die Fähigkeit, mit unserem erweiterten Bewusstsein zu kommunizieren, wird durch die Dominanz des Verstandes verdeckt. Bewusstsein ist erst einmal die reine Wahrnehmung, dass du als Seiendes existierst. Wer oder was du bist, wurde deinem Denken erst später beigebracht. In der Regel wurde uns gelehrt, was wir nicht sind, was wir nicht dürfen, was wir müssen und wo unsere Grenzen sind. So entsteht aus dem Sein die Person. Gegen sie ist nichts einzuwenden, sie gehört zum kosmischen Ausdruck dazu, als ein Teil des Spiels.

Doch welche Person wärst du geworden, wenn dir beigebracht worden wäre, dass du alles bist und alles sein kannst? Dass alles miteinander verwoben und verbunden ist? Dass dein Sein wertvoll ist und du ein göttliches Geschenk für diese Welt bist? Dass es wundervoll ist, dass es dich gibt und du dich frei in deiner Entfaltung und deinen Erfahrungen ausprobieren darfst. Welche Persönlichkeit wäre dann aus dir hervorgetreten?

Während ich hier sitze und schreibe, nehme ich wahr, dass die mich umgebende Luft erfüllt ist vom Duft des frühen klaren Morgens. Ich genieße intensiv diese sinnliche Bewusstwerdung. Kurz darauf bemerke ich, dass ich gedankenverloren auf meinem Stift herumkaue. Wie schnell der Verstand eingreift und uns vom Eigentlichen ablenkt, ist wirklich interessant. Ich beschließe, mich wieder tiefer in die Vision der Neuen Zeit fallen zu lassen. Ich schalte meinen Verstand und all meine Erinnerungen aus und tauche tief ein, bis ich fühle, dass ich angekommen bin in dieser Welt des Friedens. Ja, die Neue Zeit erfüllt ein Frieden, der mit allen physischen Sinnen erfahrbar ist.

Wie spürst du die Neue Zeit?

Versuch es einmal selbst, du bist innerlich bestimmt schon offen für die Energien der Neuen Zeit. Lass für einen Moment innerlich alles los und schließ deine Augen. Spür den Raum oder die Umgebung, in der du sitzt. Nimm die Luft um dich herum wahr, die Energie, die dich umgibt, und die Energie, die durch deinen Körper fließt. Spür deinen ruhigen und natürlichen Atem.
Und nun hol dir das Bild vor deine inneren Augen und in dein Herz, wie du längst in der Neuen Zeit existierst. Schau mal, ob du es sehen oder fühlen kannst. Sollte sich dein Denken einschalten, lass die Gedanken ziehen. Versuche nichts zu erzwingen, sondern bleib mit dem Fokus in deinem Herzen und schau, was sich dir zeigen möchte. Wisse, das Feld der Neuen Zeit kommuniziert immer positiv mit dir. Sollten sich Ängste und Schrecken zeigen, versucht dich dein Verstand von diesem Zustand wegzulocken.

Wenn wir es vermögen, ganz dort eintauchen, wird spürbar, wie sich die Liebe auf alles, was uns umgibt, erstreckt. Wir brauchen wenig Worte, weil unser alles benennender und zerredender Verstand ruhig ist. Worte sind in der Neuen Welt zwar weiterhin ein Teil der Kommunikation, doch haben wir uns vom unbewussten Geplapper gelöst. Wir sind uns der Macht der Worte für die Manifestation bewusst und wir gebrauchen sie sehr weise.

Wenn wir sprechen,
dann sprechen wir aus dem Herzen.

Hast du schon mal den Unterschied gespürt, wie es ist, aus dem Herzen zu sprechen statt aus dem Verstand? Die meisten Personen sprechen aus ihrem Verstand heraus. Das ist sehr ermüdend und anstrengend. Es ist oft reine Zeitverschwendung und darüber hinaus uninteressant. Daraus resultieren nicht selten Lieblosigkeit, Vorwürfe, Kälte, Voyeurismus und Ängste.

MIT DEM HERZEN KOMMUNIZIEREN

Wenn eine Unterhaltung hingegen aus dem Herzen heraus stattfindet, ist es eher ein Miteinander-Teilen. Ein sich einander Zuwenden. Wir können mit dem Herzen fühlen, sprechen und hinhören. Über den Verstand hören wir eher zu, mit dem Herzen hören wir hin. Vielleicht möchtest du es für dich üben. Halte beim Austausch mit anderen dein Herz offen. Richte deine innere Aufmerksamkeit immer auf dein Gefühl. Was fühlst du, wenn du mit anderen Menschen im Gespräch bist? Bist du selbst in der Lage, deine tiefen Gefühle und Empfindungen zu teilen? Bist du bereit, dich verletzlich und sensitiv zu zeigen?

Es mag zwar ungewohnt sein, doch über das Herz bedienen wir uns der heilsamen Sprache unserer Seele. Viele von uns haben das verlernt, weil wir uns in der Illusion der Getrenntheit statt der Verbundenheit befinden. Doch wir können jetzt umlernen, wir können den Anfang machen und andere dadurch inspirieren, das Gleiche zu tun. Wir können Vorbild sein und dadurch Räume erschaffen, in denen wir als Menschen wieder lernen, unsere Herzen zu öffnen.
Sprechen wir – wie üblich in der Alten Welt – nur aus dem Verstand heraus, reduzieren wir unser göttliches Selbst auf die Person. Ja, wir sind die Person, aber eben auch Mensch und göttliches Selbst. Es ist nur ein kleiner Schritt und doch ist es die heilige Aufgabe eines jeden Einzelnen, eigenständig über das Herz ins erweiterte Bewusstsein der Neuen Zeit zu finden.

DAS GROSSE KOSMISCHE SPIEL

Neue Zeit und bisherige Zeit – es sind zwei Welten, die gefühlt Lichtjahre voneinander entfernt sind. Und doch sind sie am selben Punkt und zur gleichen Zeit existent. Es sind zwei Welten, die sich dadurch unterscheiden, dass man in der einen an die Trennung glaubt. In Wahrheit existiert nichts getrennt voneinander, nichts getrennt von uns, nichts getrennt von dir. Alles ist hervorgebracht, verwoben, verbunden und durchdrungen von dem göttlichen Selbst, das sich in unterschiedlichen Ausdrucksformen bewusst erfährt. Dazu bedient es sich verschiedener Wesenheiten in der Materie, im Feinstofflichen und Geistigen. Das Bewusstsein ist das Spielfeld, auf dem alles stattfindet. Der Geist, die Seele und der kosmische Leib sind die Spieler. Die Person ist die Spielfigur.
Alles, was wir wahrnehmen und erleben, ist die Reise durch die partielle Innenwelt des Bewusstseins. Partiell nenne ich es, weil du für dich als Individuum einen winzigen Aspekt der Möglichkeiten für

deine bewusste Wahrnehmung gewählt hast. Und wenn du dieses Buch liest, hast du sicher Lust, tiefer in deine Wahlmöglichkeiten vorzudringen und einen bewussteren Einfluss auf die von dir erfahrbare Wirklichkeit zu nehmen.

Bestimmt kennst du die Formulierung »Das Außen ist nur ein Spiegel deines Inneren« oder »Alles ist nur eine Projektion deines Inneren nach außen«. Auch wenn solche Aussagen zumindest eine enge Verbindung von Innen und Außen annehmen, können sie zu einem ganz gravierenden Irrtum verführen, der den Übergang ins Neues Bewusstsein unnötig erschwert. Es ist die Annahme, Außen und Innen würden getrennt voneinander existieren. Der tiefe Glaube an die Getrenntheit und die tiefe Überzeugung, es existiere etwas unabhängig von uns selbst, ist eine der markantesten Fehlvorstellungen, die es zu überwinden gilt.

Diese tief sitzende Fehlüberzeugung zu überwinden, das ist Bewusstsein Next Level!

Mit diesem Bewusstseinssprung kannst du schöpferisch deine neue Wirklichkeit kreieren. Dieses Buch begleitet dich in deinem Prozess, dich aus der Getrenntheit zu lösen und dich in die Ganzheitserfahrung zu begeben. Alle Kapitel bauen aufeinander auf und wenn du die entsprechenden Tools konsequent anwendest, kann dir das ein kraftvolles und nachhaltiges Erwachen ermöglichen.

ERFAHRUNGSFELD DER GANZHEIT

Hast du es schon einmal erlebt, dass dich eine Welle des Glücks erfasste, ohne dass ein Anlass dafür erkennbar war? Erinnere dich einmal kurz an einen dieser besonderen Momente, in denen dein Herz ohne einen äußeren Grund übergelaufen ist vor Glück und dich tiefer Frieden erfüllt hat. Ein solches Empfinden wird durch unser gedankenloses Gewahrwerden der Ganzheit erzeugt. In diesem Zustand ist es uns für einen Moment geglückt, unser wahres Wesen in tiefer Verbundenheit mit allem, was ist, zu fühlen.

In der Regel halten diese Zustände nur sehr kurze Zeit an, da der Verstand sofort nach Gründen für dieses Glück sucht. Er meint dann, die Ursache für unser Glück sei die überwältigende Landschaft um uns her, die Liebe eines anderen Menschen, ein Kinderlachen oder etwas anderes. Er beginnt zu trennen, aufzuspalten und zu benennen. Er sucht etwas außerhalb von uns, was unser Glück erzeugt, und trennt uns damit wieder in die Isoliertheit hinein. Dieser Trugschluss, dass es einen äußeren Grund für das empfundene Glück geben muss, beendet augenblicklich das erhabene Gefühl.

Kennst du das? Vielleicht hast du begonnen, innerlich oder mit jemand anderem im Austausch, die Schönheit des Momentes zu benennen. Das Glück in allen Details zu beschreiben und nach weiteren Wundern zu suchen, bis der Moment komplett seziert war und dein Verstand wieder die Oberhand gewonnen hatte. Wir reden zu viel, sei es laut oder innerlich. Unser unaufhörliches Geplapper ist ein Ausdruck unserer Unbewusstheit als Person. Übernimmt unser trennender Verstand die Macht, sind wir sofort wieder mit Planungen, Sorgen, Vorkehrungen, Einschränkungen und ähnlichen Gedanken beschäftigt. Dadurch schleicht sich in uns wieder eine innere Getriebenheit und latente Traurigkeit ein. Weil dies unser Normalzustand ist, bemerken wir es meist gar nicht. Anders als unser Geist hält unser Verstand die Ganzheitserfahrung nicht aus.

Aus dem erweiterten Bewusstsein heraus betrachten wir einen glücklichen Moment hingegen voller Weite, zum Beispiel eine bunte Blumenwiese, die tief stehende Sonne am strahlend blauen Himmel, die klare Morgenluft und das laute Gezwitscher der Vögel. Jetzt ist unser Verstand leise, fast flüsternd oder sogar still. Wir haben ihm seine

Dominanz entzogen. Er hat verstanden, dass all die äußere Schönheit ein kunstvoller Ausdruck seiner inneren Schönheit ist. Er begreift alles als Ganzes, von dem er selbst ein Teil ist. Er ist zum mitwirkenden Künstler der Schöpfung geworden.

Unser Verstand ist wertvoll,
wenn er Hand in Hand mit dem
Geist wirkt.

Der Geist gibt das noch zu Werdende vor, der Verstand nutzt aus der Fülle der Urteilsmöglichkeiten, wie wir das Gewordene wahrnehmen und beurteilen. Bewusstsein Next Level stellt einen großen Durchbruch für energetisches Heilen, die Liebe, die Fürsorge und für die Stabilisierung der höheren Ordnung und des Friedens dar. Machen wir uns also auf den Weg.

So übertreten wir die Schwelle

Schritt eins:

Das naive Weltbild transformieren und loslassen

WAS MACHT DAS ALTE AUS?

Um unser altes Weltbild zu transformieren, müssen wir uns zuerst von der alleinigen Identifikation als Person lösen und uns tiefer mit unserem Menschsein verbinden. Dafür ist es wichtig, dass wir die hinterlistige Dynamik unseres Verstand-Psyche-Körper-Komplexes erkennen, mit der er die Oberhand behalten will. Ich selbst fiel vor ein paar Tagen darauf herein, obwohl ich mittlerweile sehr geübt bin. Schau mal, ob du Ähnliches bei dir bemerkst, mein Beispiel ist ein fast alltägliches und kann uns somit hier gut zur Verdeutlichung dienen.

Es ist Samstagmorgen und mein Herz klopft wie wild, als ich wach werde. Mit noch geschlossenen Augen fühle ich in mich hinein und frage mich, was mit mir los ist. Mein Herz klopft, als sei ich bis über beide Ohren verliebt oder als ob etwas sehr Aufregendes ansteht. Schnell mache ich in meinen Gedanken einen Check-up: Ich fühl mich gesund, hab heute frei, keine nennenswerten Termine. Okay, ich möchte eine neue Folge für meinen »Lebe glücklich«-Podcast fertigstellen, das wird wahrscheinlich etwas dauern, doch das fällt unter die Kategorie: »Danke, dass ich das tun darf.« Die Sonne scheint und die Vögel draußen machen einen unglaublichen Lärm in ihrer trällernden Schönheit. Alles scheint mehr als okay. Ich schwing die Beine aus dem Bett, spritze mir etwas Wasser ins Gesicht, putze Zähne und zieh mir erst mal eine chillige Kuschelklamotte an. Doch wieso klopft mein Herz so aufgeregt, als würde jeden Moment etwas passieren?

Kennst du das? Fragst du dich in solchen Momenten auch, ob du irgendetwas vergessen hast? Während ich mir einen Kaffee koche, denke ich darüber nach, dass heute ein guter Tag wäre, an diesem Buch weiterzuschreiben. Ich schlurfe mit meinem Kaffee und dem beunruhigenden Herzklopfen in mein Wohnzimmer. Von der tief stehenden Morgensonne erleuchtet, sind die warmen Farben des Raumes so einladend intensiviert, dass mir das Herz aufgeht. Womit habe ich dieses wunderschöne Zuhause nur verdient? Still begrüße ich den Tag und bedanke mich, dass ich hier in dieser heiligen Oase leben darf. Ich spüre auch tiefe Dankbarkeit für mich selbst, dass ich den Mut und das Durchhaltevermögen aufgebracht habe, mein Bewusstsein auf eine höhere Stufe zu bringen. Ich weiß: Alles, was mich umgibt, ist die Manifestation dessen.

Ich setze mich nach draußen in die Morgensonne auf meine Glückstreppe, die vielmehr ein Fensterbankvorsprung der bodentiefen Wohnzimmerfenster ist, und schaue auf das an meinen Garten angrenzende Wasser. Dieser Platz ist besonders nachts und früh am Morgen ein außergewöhnlich schöner Ort des Friedens. Hier bekomme ich regelmäßig Eingebungen und klare Erkenntnisse, die aus einer anderen Realität zu kommen scheinen. Das hat diesem kleinen Fensterbankvorsprung den Namen Glückstreppe eingebracht und ist auch ein Grund, warum ich dieses morgendliche Ritual bei Wind und Wetter, wann immer es geht, einhalte.

Mein Herz klopft immer noch, hier sollte es sich spätestens beruhigen. Doch diese innere Unruhe ermöglicht es mir heute nicht, die mich umgebende Schönheit wirklich zu erfassen. Im Gegenteil, sie veranlasst mich, nach meinem Handy zu greifen, um in Nachrichten und Social Media einzutauchen. Während ich das tue, kann ich mir von außen dabei zuzuschauen und wie in Zeitlupe alles beobachten. »Hey, Linda«, ermahne ich mich, »wovon möchtest du dich gerade ablenken? Was ist das für eine automatisierte Handlung?«

Ich lege mein Handy wieder weg und bemerke, wie mein Körper rebelliert. Auch mein Verstand solidarisiert sich verräterisch mit ihm und beschäftigt mich mit sinnlosen Gedanken. Er ruft völlig aus dem Nichts uralte Situationen aus der Vergangenheit auf den Plan, in denen ich total peinlich war und für die ich mich heute noch schäme. Als wäre das nicht genug, bauscht er in mir noch ein Schuldgefühl für eine andere Sache auf, die Jahre zurückliegt und die ich nicht mehr ändern kann. Ich befinde mich für einen unachtsamen Moment komplett in meiner Vergangenheit. All meine Zellen, meine Atmung und mein Lebensgefühl reagieren auf etwas, das längst zurückliegt und dessen Bilder sich als lebhafte Realität vor diesen wunderschönen heiligen Ort schieben, an dem ich gerade sitze. Was für eine hinterlistige Dynamik, stelle ich fest, als ich wieder zu mir komme. Dafür ist jetzt mein Herzklopfen weg.

Was ist hier passiert? Generell sind wir immer unterschiedlichen Stimmungen ausgesetzt. Es gibt Tage, da sind wir stark, und dann gelingt es uns leichter, bewusst und präsent zu sein. An den eher unbewussten Tagen sind wir anfälliger für unangenehme Gefühle, Erinnerungen und Gedanken. Das spüren wir über Ärger oder Unruhe, schlechte Stimmung, Ängste oder Ähnliches. In solchen Momenten neigen wir dazu, uns abzulenken und tief in unsere Unbewusstheit einzutauchen. Wir halten Ruhe und Tatenlosigkeit oftmals nicht so gut aus. Und dann beginnen wir, zu lästern, zu jammern, uns zu beklagen, Schuldige zu suchen, den Fernseher oder digitale Ablenkung einzuschalten oder wir greifen zu Zigaretten oder Alkohol.

Wo tappst du in die Falle?

Werde zum Detektiv und entlarve deine schädlichen Automatismen. Wo tappst du unbemerkt in deine eigene Falle? Beobachte dich und finde heraus, was deine alltäglichen Ablenkungsmuster sind.

Beginne dich zu beobachten: Welche deiner Empfindungen haben real mit dem jeweiligen Augenblick zu tun, in dem du dich befindest? Wann beginnst du dich abzulenken, um in die bequeme Unbewusstheit zu flüchten?

Bei mir war es der Griff zum Handy. Das zu bemerken und zu unterbinden, kann die Abwärtsspirale in unbewusste Gedankenstrukturen und Reaktionsmuster sofort unterbrechen. Unsere Unbewusstheit ist tatsächlich in der Lage, uns etwas vorzugaukeln. Es kann uns in vergangene Zeiten katapultieren oder in angstvolle Zukunftsszenerien und diese als real erscheinen lassen. Solche Erfahrungen machen wir ständig, oder?
Als ich das Handy weglege, wird mir bewusst, dass es sich hier gerade um eine Glückstreppen-Lektion handeln muss, wie ich sie oft erfahre. Kaum bin ich bei dieser Erkenntnis angelangt, spricht eine vertraute innere Stimme, die ich als die Kombination aus Geist und Seele empfinde, zu mir. »Linda, diese Fähigkeit, übers Bewusstsein zu reisen, ist nicht zu verurteilen. Im Gegenteil, sie ist eure machtvolle Schöpferwirkmacht. Nutze sie weise.«
Sofort ahne ich, was die Stimme damit meinen könnte, und wieder fängt mein Herz wie wild an zu klopfen. Zaghaft stelle ich mich dumm, einfach weil ich Bedenken habe, durch zu schnelles, aber nur scheinbares Verstehen eine wichtige Information zu übersehen. Eine verbale Antwort auf mein inneres Fragezeichen bleibt mir verwehrt, damit mein Verstand mir nicht störend dazwischenquatschen kann. Ich darf die Antwort visionär und fühlbar durchleben. Innere Bilder der Neuen Zeit steigen in mir auf und erleichtert spüre ich:

Wir haben es geschafft!
Der Übergang in das neue Bewusstsein
ist geglückt.

»Es ist geschafft«, rast es aus der Zukunftsperspektive durch meinen Kopf und mein Herz. Sofort möchte sich mein Denker einschalten, um alles zu analysieren. Was ist mit der Politik, mit dem System, muss man noch Geld verdienen? …

Ich beschreibe dir das alles bewusst so detailliert, damit du erkennen kannst, wie schnell der Verstand Einfluss nimmt, um die erhabenen Zustände des hohen Bewusstseins zu unterbinden. Unser Verstand tut sich unfassbar schwer damit, seine Dominanz aufzugeben. Ich beschließe, ihn denken zu lassen, entziehe den Gedankenstrukturen jedoch meine Aufmerksamkeit und konzentriere mich ausschließlich auf die Wahrnehmung: »Es ist geglückt!« Dadurch potenziert sich spürbar die Energie in meinem physischen Körper.

In hoher Schwingung bleiben

Versuche es einmal selbst: Fokussiere dich auf eine positive Wahrnehmung deiner Wahl und folge deinen dann vielleicht aufsteigenden Gedanken nicht. Spürst du den Energieanstieg in deinem Körper? Er ist ein wunderschöner Beweis dafür, dass du dich in dein hohes Bewusstsein eingeschwungen hast. Er ist damit erklärbar, dass du zusätzlich zu deinem Körper auch deinen kosmischen Leib wahrnimmst.

Die vertraute Stimme der Erkenntnis in mir schaltet sich wieder ein: »Schau bei allem, was du tust oder erreichen willst, immer aus der geglückten Perspektive deiner Zukunft heraus zurück in die Gegenwart. Begib dich immer, mit jeder Faser deines Seins, in dein zukünftiges Ich, welches das Gewünschte erlebt und durchfühlt.«
Kannst du die Größe dieser beeindruckenden Botschaft spüren? Bei allem, was wir erreichen wollen, sollen wir uns in den schon geglückten Zustand einklinken und ihn fühlen, als würden wir ihn real erle-

ben. Dann sind Geist und Seele im Einklang. Der Geist, der die Vision ermöglicht und das Werdende aus der Fülle der Möglichkeiten herausstellt. Und die Seele, die sich in das Gefühlte ergießt und dadurch Energie in das Visionsmuster hineingibt. Mit dieser Vorgehensweise intensivieren wir das von uns Gewünschte und beginnen ganz bewusst, unseren nächsten Erfahrungsaspekt zu wählen.
Mein Verstand holte mich irgendwann dann doch wieder zurück. Auch das ist ein wichtiger Aspekt: Wir dürfen und müssen das Anvisierte dann auch loslassen. Erhalte deine Visionen nicht krampfhaft aufrecht, ansonsten kann es dir passieren, dass sich Zweifel einschleichen. Sobald du spürst, dass deine Aufmerksamkeit schwindet, steig aus und grüble nicht weiter über das Wie und Wann nach.

BEWUSSTSEIN – DIE GRÖSSTE LIEBESGESCHICHTE

Bewusstsein in seiner umfangreichen Großartigkeit mit Worten zu beschreiben, finde ich schwierig. Für mich ist Bewusstsein die größte Liebesgeschichte, die jemals geschrieben wurde. Wenn ich Bewusstsein in seiner Tiefe erforschen darf, empfand ich es oft als die erregende sexuelle Vereinigung zwischen geistiger Intelligenz, fühlender Seele und Lebendigkeit. Drei Instanzen, die sich gegenseitig in höchster Liebe und in Reibung dienen und sich ihrer selbst bewusst sind. Drei Wesenheiten, die miteinander im ewigen Tanz der Erregung verschmelzen und dadurch den materiellen Körper hervorbringen.
Alle drei sind eigenständige Wesenheiten, die vom göttlichen Selbst gezeugt, verbunden und getragen sind. Das göttliche Selbst ist jenes Energiefeld, aus dem heraus alles klangvoll entsteht. Es ist die nichtstoffliche Energiesubstanz, die sich in feuerwerksartigen Impulsen ausdehnt und gleichzeitig implodiert. Sie feuert beständig lebendige Energie und erzeugt die unfassbare Fülle der nicht zählbaren Möglich-

keiten. Es ist das unendliche Potenzial multidimensionaler Wahrscheinlichkeiten und absoluter Realität.
Dieses energiegeladene Feuerwerk bedient sich für die Verstofflichung der kosmischen Wesenheiten Leib, Geist und Seele. Von diesem Blickwinkel aus haben wir kein Bewusstsein, sondern wir sind das Bewusstsein. Jeder von uns hat über sein Inneres Zugang zu diesem Bewusstsein. Dieser Zugang liegt nicht außerhalb von uns. Wir selbst sind dieses intelligente Feuerwerk des vollen Potenzials und existieren als Individuum gleichzeitig in ihm.
Natürlich begreifen wir das schwer über unseren Verstand, doch allein das Zulassen dieses Verständnisses kann schon helfen, sich zu verbinden. Immer dann, wenn du elektrisierende Ideen, brennende Sehnsüchte und leidenschaftliche Impulse verspürst, bist du auf dieses hohe Bewusstsein eingestellt.

Was befeuert dich?

Fühl mal in dich hinein, gibt es etwas, was dich inspiriert, was dein Herz höher schlagen lässt? Was davon verwirklichst du schon und was möchte von dir noch in Besitz genommen werden?

In die rein personenbezogene Bewusstseinsebene fallen unser Alltagsbewusstsein, unsere Gewissheiten, die Art, wie wir wahrnehmen, und unsere Gedanken. Meiner Erfahrung nach ist der erste wichtige Schritt im Denken zu vollziehen, wenn wir unser höheres Bewusstsein hinzuziehen wollen. Nur wenn wir uns diesem Fundament gewissenhaft widmen, können wir darauf aufbauen. Ansonsten würde uns unser Denker konstant und übermächtig im Weg stehen.

Wie sehr er uns im Weg stehen kann, spürte ich das erste Mal mit Anfang zwanzig. Schmerzlich stellte ich fest, dass es in meinem Leben so, wie es war, nicht weitergehen konnte. Ich steckte in einer tiefen Depression. Ich fühlte, dass etwas in mir überhaupt nicht damit einverstanden war, wie ich mich in meinem Leben eingerichtet hatte. Es war dieser Funke des höheren Bewusstseins, der in mir feuerte. Ich konnte ihn allerdings nicht einordnen. Dieser Funke war eingehüllt in die Dunkelheit meiner Art, zu denken, meines Opferbewusstseins, meiner Unzufriedenheit und meines Pessimismus. Dieser Funke war daher nur sehr schwach wahrnehmbar und zeigte sich eher über eine tief sitzende Traurigkeit, diffuse Krankheiten und ein ohnmächtiges Gefühl der Sinnlosigkeit.

Doch ich erinnere mich, als wäre es gestern gewesen, dass in mir die Frage hämmerte, ob mein Leben einen tieferen Sinn hat. Ich spürte die Sehnsucht nach Bedeutsamkeit. Etwas in mir wusste, dass diese Bedeutsamkeit mein Lebenssinn war. Heute weiß ich, sie ist der Lebenssinn eines jeden Einzelnen von uns und erzeugt sich aus dem göttlichen Selbst. Sie hat also nichts mit Egoismus oder Eitelkeit zu tun, sondern ist eher die heilige, bedingungslose Liebe zu dem, was sich über unser Selbst ausdrückt.

> Ich fühlte eine brennende Sehnsucht nach Freiheit und nach Lebendigkeit. Die Suche nach Möglichkeiten, dem, was noch ungesehen in mir war, Ausdruck zu verleihen.

Ich fühlte so deutlich, dass mein Leben bedeutsam war und etwas Großartiges auf mich wartete, wenn ich nur Ja sagen würde. Je klarer ich diese Erkenntnis wahrnahm, umso schlechter ging es mir. Ich hatte das Gefühl, eine Nadel im Heuhaufen finden zu müssen. An vielen Tagen sank ich tief in mein depressives »armes Ich« hinein, bis es mir eines Tages wie Schuppen von den Augen fiel: Ich musste damit beginnen, anders zu denken. In meinem Kopf schien jemand zu sein, der mir rund um die Uhr Dinge erzählt, die mir nicht guttaten. Schlechte Dinge über das Leben, über meine Mitmenschen, meine Vergangenheit und schlechte Dinge über mich selbst. Wer auch immer dieser Jemand war, eines stand fest: Dieser Jemand verursachte meine psychische und physische Schwäche und verhinderte meine Bestimmung. Wenn ich wirklich herausfinden wollte, ob und was mein Leben für Möglichkeiten bereithielt, musste ich die Oberhand im Denken gewinnen.

Kennst du das auch?

Fühl einmal selbst in dich hinein. Kennst du etwas Ähnliches? Ist es möglich, dass deine Unzufriedenheit, deine Unsicherheit, deine Ängste, deine Traurigkeit mit der Art deines Denkens zusammenhängen? Sind dir zu viele Argumente bewusst, warum es dir so geht, wie es dir gerade geht? Argumente, von denen du glaubst, dass sie nicht zu ändern sind? Inwieweit hast du das Gefühl, andere sind schuld an deiner Misere? Vielleicht hast du recht, wenn du glaubst, dass du ein Wunder brauchst, doch kommt es aller Wahrscheinlichkeit eher in dein Leben, wenn du eine eigenverantwortliche, lösungsorientierte und selbstliebende Art zu denken pflegst, oder? Das kosmische Gesetz der Anziehung würde diese Aussage zumindest belegen.

Ich weiß noch, wie schwer es mir zu Anfang fiel, das gewohnte Denken zu verändern. Wir sind unsere Art, die Welt zu betrachten, so sehr gewohnt, dass uns eine Veränderung im Denken oftmals als eine nicht zu bewältigende Aufgabe erscheint. Es fühlt sich unbequem, beängstigend und anstrengend an, die eigenen Gedankenmuster zu entlarven und zu wandeln. Hinzu kommt, dass dieser Prozess auch im Herzen vollzogen werden muss. Wir müssen mit der Zeit beginnen, die neue Art der Wahrnehmung auch zu fühlen.

NEU DENKEN LERNEN

Begonnen habe ich damit, mir meiner Ausreden und meiner Selbstkritik bewusst zu werden. Hilfe, war das ein Schock! Zu bemerken, wie sehr ich mich selbst kleingehalten habe. Ständig hab ich mich in Gedanken abgewertet, mich kritisiert und an mir gezweifelt. Als mir bewusst wurde, dass ich konstant damit beschäftigt war, mir und anderen zu erzählen, was ich alles nicht kann und nicht bin, wurde ich sehr traurig. Mit niemandem würde ich so umgehen wie mit mir selbst. Kein Wunder, dass mein Leben so anstrengend war! Ich kämpfte ständig um Anerkennung, selbst wenn ich dafür meinen Joker »Leid« ziehen musste. Ich wollte irgendwie bedeutsam sein und gleichzeitig war ich der festen Überzeugung, nicht zu genügen.

Hand aufs Herz, erkennst du davon etwas bei dir wieder?

Ein elementarer Schritt ist es, die inneren Dialoge zu beobachten und sie zu korrigieren. Nicht nur ein bisschen, sondern ständig. Wer glaubt, es reiche aus, dies hin und wieder mal und bei Gelegenheit tun, irrt gewaltig. Die Ermächtigung über unseren inneren Kritiker wird entscheidend dafür sein, ob wir den Übergang auf die nächste Bewusstseinsebene schaffen oder nicht.

Bestimmt hast auch du schon als Kind ein Selbstbild und ein Weltbild übernommen, die einfach nicht der Wahrheit entsprechen. Wir wurden in dem Glauben groß, dass wir erst jemand werden müssen. Dass wir so, wie wir sind, nicht genügen. Dass unsere Bedürfnisse nach Kreativität, nach Bewegung und nach Ausprobieren zum Überleben nicht ausreichen werden. Kennst du das? Wir haben gelernt, dass wir uns erst die von der Gesellschaft vorgegebenen Fähigkeiten aneignen

müssen und darin auch ständig bewertet werden. Der Fokus in der Kindheit lag bei den meisten von uns darauf, dass wir besser, lieber, netter, gehorsamer, fleißiger werden müssen. Unser Selbstbild wurde von Benimm, Leistung, Haben und Status bestimmt. Wir haben tief in uns ein uns kleinhaltendes, unwahres Selbstbild verankert und dieses gilt es nun loszulassen. Denn das Bild, das wir von uns selbst haben, bestimmt unsere Erfahrungen und unsere Lebensumstände.
Jeder Mensch hat somit sein Schicksal selbst in der Hand. Wenn Bewusstsein die Ursubstanz von allem ist, was in der Welt des Sichtbaren und der Welt des Unsichtbaren existiert, dann bilden wir mit unseren begrenzten Annahmen über uns selbst auch nur diese limitierten Teilaspekte unserer unbegrenzten Möglichkeiten ab.

Wie denkst du über dich und das Leben?

Was du über dich selbst denkst, kannst du einmal über das Beobachten deiner Stimmungen erkennen und auch, indem du dir deine Lebensumstände anschaust.
Wie sieht es in deinem Leben aus?
Wie wohnst du?
Mit welchen Menschen umgibst du dich?
Wie wohlhabend bist du?
Wie ist es um deine Gesundheit bestellt?
Wie fit bist du?
Wie verbringst du deine Freizeit?
Bist du offen für Neues?
Bist du dir deiner Interessen bewusst und lernst du gern?
Wie reagierst du auf Herausforderungen?
Wie gehst du mit Veränderungen um?
Welche wiederkehrenden Gedanken beschäftigen dich?

Es gab eine Zeit in meinem Leben, da hätte ich jedem, der mir gesagt hätte, dass mein Leben ein Produkt meiner Gedanken und meines Selbstbildes ist, wahrscheinlich den Mund mit Seife ausgewaschen. Heute ist es für mich eine unumstößliche Wahrheit, dass einzig die Bewusstseinsveränderung und die Veränderung unseres Selbstbildes die gewünschte Realität erzeugen kann. Wenn wir die Idee akzeptieren, dass nichts in unserer Welt existieren kann, was nicht zuerst über das Bewusstsein entstanden ist, bekommen wir ein klares Bild davon, wie wichtig es ist, uns dieser Ursache von allem zu widmen. Die Entwicklung einer Sache kann niemals in eine andere Richtung gehen, als von der Ursache zuvor bestimmt wurde.

DIE RICHTIGEN SAMEN SETZEN

Ein Apfelkern wird zu einem Apfelbaum. Ein Gänseblümchensamen wird zu einem Gänseblümchen. Unser Bewusstsein, unser Selbstbild ist wie solch ein Same. In ihm sind alle Informationen für die Entstehung und für die Entwicklung enthalten. Weisen wir wie bisher diesen Umstand ungläubig von uns, werden wir nach wie vor unser Selbstbild manifestieren. Erkennen wir dieses Prinzip jedoch an, werden wir zum bewussten Schöpfer unserer Realität. Wollen wir sowohl unsere persönlichen Lebensumstände als auch die Umstände in der Welt verbessern, gilt es, das alte Weltbild und unser altes Selbstbild loszulassen und durch höhere Wahrheiten zu ersetzen.

Als ich begann, Altes loszulassen und mein Leben zu wandeln, weckte das immer wieder tief sitzende Ängste in mir. Sie drehten sich im Kern um das nackte Überleben. Besonders dann, wenn ich mich von gewohnten Strukturen löste und begann, ganz neue Wege zu gehen. Es scheint, als ob uns eine innere Instanz davon abhalten möchte, in unbekannte Bereiche vorzudringen. Diese Instanz ist die eingangs beschriebene Person. Der Motor, es doch zu tun, liegt in uns als Mensch.

Ich glaube, für viele von uns ist es schwer vorstellbar, dass die Menschheit ohne die bislang gewohnten Strukturen leben kann. Und doch bin ich der Meinung, dass sich insbesondere unsere überholten Instanzen ändern werden. Das betrifft unser gesamtes gesellschaftliches Gefüge mit Bildung, Gesundheitswesen, Wirtschaft, Politik und auch den Umgang mit Tier und Natur. Kaum jemand von uns hat gelernt, dass sich allein durch die Veränderung unseres Bewusstseins die Welt und unsere persönlichen Lebensumstände mitverändern und in die gewünschte Richtung entwickeln. Doch ist es nicht so, dass jeder innovativen Handlung ein entsprechendes Bewusstsein vorangeht?
Die mystischen Weisheitslehren vieler Kulturen berichten von dieser aktuellen Zeit, in der wir leben. Sie sprechen von einer Zeit, in der sich die Erde samt der Menschheit in ein neues Bewusstsein erheben wird. Dadurch wird das aktuell herrschende System abgelöst, um Platz für eine neue, dem Leben würdige Kultur zu machen. Dieser Prozess, in dem wir alle stecken, ist ein historischer Moment in der Menschheitsgeschichte und definitiv alles andere als leicht. Wir werden vieles infrage stellen, was wir bisher als wahr und »normal« erachtet haben, und wir dürfen vieles von dem loslassen, was uns vermeintlich Sicherheit versprochen hat. Dieser Schritt wird über unsere achtsame innere Haltung vollzogen und bedarf einer geduldigen hohen Aufmerksamkeit. Frei nach dem Motto: »Sei du selbst die Veränderung, die du dir in der Welt wünschst.«

Jede noch so kleine Wandlung bei uns wirkt sich maßgeblich auf das Ganze aus.

Häufig erlebe ich Diskussionen darüber, dass der Einzelne keinen Einfluss auf die Entwicklung in der Welt hat. Auch höre ich Aussagen darüber, dass der Einzelne das Weltgeschehen nicht durch sein Bewusstsein erzeugt hat. Von der bisherigen Betrachtungsweise als Person ausgehend mag das richtig erscheinen, doch aus der Perspektive des höheren

Bewusstseins des Menschen oder sogar des Selbst hat alles einen Einfluss. Tappen wir nicht länger in die Bequemlichkeitsfalle. Es ist leichter, einen Schuldigen zu finden, als sich die Mühe zu machen, authentisch und kontinuierlich an sich selbst zu arbeiten. Und auch dabei zu bleiben, wenn die erhofften Ergebnisse noch auf sich warten lassen.

Stell dir mal vor, eines deiner Organe würde seine Arbeit einstellen, weil es der Meinung wäre, keinen Einfluss auf das Ganze zu haben. Es ist fraglich, ob deine Organe und Zellen überhaupt ein Bewusstsein dafür haben, dass es dich als umfassende Instanz gibt. So ist es auch mit uns Menschen: Als Kollektiv sind wir eine Wesenheit, doch wissen wir es? Handeln wir danach?

Hast du schon mal einen Vogel- oder Fischschwarm beobachtet? Wovon, glaubst du, wird es ausgelöst, wenn der gesamte Schwarm zeitgleich die Richtung dreht? Vom Wesen des Schwarms, bestehend aus den vielen, die einen Körper bilden. Vergessen wir nie, es gibt viel mehr, als wir uns erlauben zu sehen!

ENTLARVE, WAS DU GLAUBST

Um das Alte loszulassen, das vor allem durch unsere Köpfe schwirrt, müssen wir es zunächst ausfindig machen. Eine bewährte Hilfe ist dabei, sich die eigenen Glaubenssätze aufzuschreiben. Meine Liste war am Ende drei eng beschriebene DIN-A4-Seiten lang. Beginnend mit »Ich bin dumm«, »Ich kann nichts« über »Ich bin hässlich«, »Ich bin nicht gut genug«, »Ich darf keine Fehler machen« bis hin zu »Ich bin nicht lebensfähig«. Es ist erstaunlich, was alles zutage gefördert wird, wenn wir unseren Mut zusammennehmen und mal genauer in die Tiefen unseres Selbstbildes schauen.

In der spirituellen Szene wird häufig alles nur in Licht und Liebe betrachtet. Es wird versucht, alles Negative auszublenden, um möglichst lichtvoll zu leben. Doch unser Bewusstsein ist mit unserem Selbstbild verknüpft, somit erzeugen wir manifestierte Ergebnisse, die unserem Selbstbild gleichen. Wir kommen nicht umhin, authentisch unser Selbstbild zu verbessern. Beginne am besten noch heute damit, dich den verborgenen Saboteuren in deinem Inneren zuzuwenden: deinen Glaubenssätze. Mir ist bewusst, dass hier eine Gefahr lauert: Wir glauben, das Thema hätten wir schon bewältigt. Wenn dem so ist, wirst du es schnell herausfinden. Findest du nämlich nur eine einzige Sache in deinem Leben, die dich unzufrieden oder traurig macht, nur eine einzige brennende Sehnsucht, die du noch nicht verwirklicht hast, dann findest du die Ursache in deinem Selbstbild. Du kannst somit nur gewinnen, wenn du dir die Mühe machst, dich zu beobachten.

Glaubenssätze entmachten

Notiere dir in den kommenden Wochen alles, was du in inneren negativen Dialogen über dich, deine Mitmenschen und das Leben entdeckst. Schreib dir schonungslos alles auf, sieh genau hin und frage dich jedes Mal:

- Stimmt diese Annahme wirklich? Ist das, was ich hier gerade denke, wirklich wahr?
- Was passiert, wenn ich diese Überzeugung jetzt loslasse? Was passiert, wenn ich dieser Überzeugung keinen Glauben mehr schenke? Wer bin ich ohne ich diesen Glauben?

Wir neigen dazu, uns selbst, andere und auch unsere persönliche sowie die kollektive Lebenssituation zu bewerten, zu kritisieren, niederzumachen und zu beschuldigen. Mit dieser Neigung geben wir aber die Verantwortung für unser Leben ab. Die versteckte Ursache ist in der Regel, dass wir uns selbst minderwertig und unfähig fühlen. Wir sind

in einer unbewussten Opferhaltung und dadurch in einer Abwärtsspirale gefangen – und damit kreieren wir uns unsere Wirklichkeit.
Meine Mutter schrieb mir kurz vor ihrem Tod etwas in mein Poesiealbum. Voller Neugierde öffnete ich es – gespannt, was sie sich wohl hat einfallen lassen. In schönster geschwungener Handschrift stand da: »Wenn du eine hilfreiche Hand suchst, suche sie am Ende deines Armes.« Die anfängliche Neugierde erstarrte in meinem Gesicht, ich war stinksauer wegen diesem Spruch. Er hat mich so sehr geärgert und beschämt, dass ich danach niemandem mehr mein Album gegeben habe, um dort etwas reinzuschreiben.
Ich hatte kein gutes Verhältnis zu meiner Mutter, ständig kritisierte sie an mir herum, ich fühlte mich von ihr äußerst ungeliebt. Als sie starb, dachte ich rachsüchtig, dass sie sich jetzt wohl sehr ärgern würde, mir als ihre letzte Botschaft so einen doofen Satz hinterlassen zu haben. Ich fühlte mich besser, wenn ich ihr die Schuld für all mein Unglück gab. Ich war ein verschämtes, dummes, dickes und hässliches Mädchen. Und all das war ihre Schuld! Wenn ich heute allerdings Kinderfotos von mir sehe, frage ich mich, was da in meinem Kopf los war? Ich war weder dick noch hässlich. Dumm war ich auch nicht. Okay, Mathe war nicht mein Glanzfach, doch war ich deswegen dumm? Stattdessen war ich unglücklich, doch das lag eher daran, wie ich über mich und mein Leben dachte.

RAUS AUS DER OPFERHALTUNG

Mit Anfang zwanzig erlebte ich dann den Höhepunkt meiner Opfersudelei. Ich war so sehr in mein unglückliches Selbstbild verstrickt, dass mir alles schwarz und düster erschien. Ich wusste: Wenn ich jetzt nicht irgendwie die Kurve kriegen würde, könnte ich mich bald neben meine Mutter auf den Friedhof legen.
Diese Erkenntnis traf mich wie ein Blitz und ich erlebte meine nächste Einweihung. Ich stand kurz davor, mich freiwillig aus dem Leben zu

verabschieden, so weit hatte ich mich von mir selbst entfernt. Ich war eine Gefangene meiner unglücklichen Gedanken geworden. Für meinen damaligen Partner war ich auch nur noch eine Last, wir gingen sehr zerstörerisch miteinander um. Mein Job war mir mehr als verhasst und meine finanzielle Situation wies Minusgrade auf. Zu allem Elend hatte ich mich in ein Suchtverhalten verstrickt, das ich nicht in den Griff bekam. Für einen kurzen lichten Moment konnte ich klar erkennen, dass die Verantwortung allein bei mir selbst lag.

Ich musste eine Entscheidung treffen. Bleibe ich das arme, hilflose, bedauernswerte Opfer, mit dem ich mich durch und durch identifiziert hatte? Bleibe ich bei meiner Geschichte, die aus so viel Traurigkeit bestand, dass mir die Aufmerksamkeit und Rücksichtnahme der anderen gewiss war? Wie sollte ich da jemals rauskommen? Weder wusste ich, wie, noch wusste ich, wohin.

»Wenn du eine hilfreiche Hand suchst, suche sie am Ende deines Armes« hallte es durch meinen Kopf. Dieser abscheuliche und demütigende Satz, den ich hasste wie die Pest, waberte in der erbärmlichsten Stunde meines Lebens unüberhörbar durch meine Gedanken. Wo kam der denn jetzt her? Ich fühlte mich so schäbig, so hilflos und so gedemütigt. Ich schämte mich vor mir selbst. Wie ein Vulkan entlud sich all meine Wut auf mein unglückliches Leben. Wäre jemand in der Nähe gewesen, ich hätte ihn womöglich angegriffen. Ich schlug in Wut und Verzweiflung auf meine Kissen ein und irgendwann ging meine Wut in Trauer über. Ich heulte mir den angesammelten Schmerz der vergangenen zwanzig Jahre aus der Seele.

Stunden vergingen und irgendwann lag ich völlig erschöpft auf dem Fußboden. Innerlich war ich komplett leer – und doch war etwas anders. Tiefer ging es nicht mehr, ich hatte alles losgelassen, rausgelassen und war bereit, neu geboren zu werden. Der tief sitzende Schmerz, hilflos und nicht richtig zu sein, war angeschaut, durchgefühlt und ausgeweint worden. Auch wenn ich noch nicht wusste, wie das gehen sollte, traf ich in diesem Moment die Entscheidung, mich selbst nie wieder zu verlassen. Ich trennte mich umgehend von meinem Partner, kündigte alle meine Freundschaften auf, ich verließ mein komplettes Umfeld, kündigte meinen Job und fing in einer neuen Firma an. Ich begann, gegen den Willen meines inneren Schweinehundes Sport zu treiben, gesund und suchtfrei zu leben und meine negativen Gedanken und meine Selbstkritik argwöhnisch zu beobachten. Nie wieder wollte ich zurückfallen in die gewohnte entwürdigende Opferhaltung.

»Wenn du eine hilfreiche Hand suchst,
suche sie am Ende deines Armes.«

Diese Botschaft hat mir wahrscheinlich das Leben gerettet und sie ist zu meinem stillen Lebensmotto geworden. Ich habe gelernt, mich selbst zu führen und mir selbst zu helfen. Die ersten Wochen und Monate nach der Entscheidung waren unmenschlich schwer für mich. Mein Denker wusste einfach nicht, was er denn anderes denken sollte als seine gewohnte Jammerarie. Wer war ich denn überhaupt ohne meine traurige Geschichte? Immer wieder bemerkte ich, wie schwer es mir fiel, mich ohne meine Leidensgeschichte in Gespräche einzubringen. Im Nachhinein empfinde ich es als erschreckend, wie viel Raum mein Gejammer eingenommen hatte. Doch wenn ich mich in der Gesellschaft umschaue, stelle ich fest, dass sich viele Menschen dieser Dynamik bedienen. Beobachte einmal bei dir selbst und bei anderen, wie viel Raum unnötiges Gejammer, Beschwerden, Geläster, Gemecker, Kritik und längst Vergangenes in den Gesprächen einnehmen.

Mühsam begann ich damit, nicht mehr zurückzuschauen. Ich ließ all meine Gedanken in eine konstruktive Richtung fließen. Ich hatte irgendwann mal im Physikunterricht gelernt, dass Magnetismus entsteht, wenn alle Teilchen in eine Richtung zeigen. In dieser Vereinfachung war es mir in Erinnerung geblieben und es schien mir plausibel. Ich wendete diese Formel ab sofort konsequent auf meine Gedanken an, letztendlich konnte ich nur gewinnen.

- Aus »Ich kann nicht« wurde »Ich kann«.
- Aus »Ich bin dumm« wurde »Ich lerne«.
- Aus »Ich bin hässlich« wurde »Ich bin schön«.
- Aus »Ich bin schüchtern« wurde »Ich lass mich auf mich und mein Gegenüber ein«.
- Aus »Ich bin dick« wurde »Ich achte auf Ernährung und Bewegung«.
- Aus »Ich bin unglücklich« wurde »Ich halte nach den schönen Dingen Ausschau«.

Und so vieles mehr. Schreib dir deine dich einschränkenden Glaubenssätze am besten gleich auch so um, dass du ihre positive Formulierung wirklich annehmen kannst.
Ungefähr ein Jahr und konsequentes Training später wurde ich, wider jede Logik, in der neuen Firma auf einen heiß begehrten Posten befördert. Für diesen hatte ich mich weder beworben noch hatte ich die entsprechende Qualifikation. Ich erhielt eine interne Schulung, verdiente so viel wie noch nie zuvor und verliebte mich in meinen späteren Ehemann und Vater meiner Tochter. Das waren die ersten Früchte meiner Anstrengung. Es funktioniert, immer!

Dieser Schritt der konsequenten Ehrlichkeit sich selbst gegenüber, das sich Beobachten und Korrigieren, ist die Grundlage des nächsten Levels unseres Bewusstseins.

SICH DEM SELBSTBILD »IN EHRE WIDMEN«

Als ich im Sommer 2018 in der Eifel die Initialzündung für meine Einweihung in die sieben Tools des Neuen Bewusstseins erhielt, war die erste Information, ich solle mich meinem Selbstbild in Ehre widmen. Ich war sehr irritiert. Das kann ich doch schon, darin bin ich Profi, dachte ich. Und außerdem: »in Ehre widmen«, was ist das denn für eine komische Formulierung? Selbstherrlich wischte ich diese Information beiseite und stapfte vom Waldrand zurück in das Seminarhaus, in dem ich zu Gast war. Dort war für zwei Tage eine besondere Veranstaltung für die Hüter der Erde geplant. Ein Schamane war eigens aus Israel dafür angereist. Seine Arbeit war mir wärmstens empfohlen worden und obwohl er überall auf der Welt wirkt, gilt er als besonderer Geheimtipp. Er ist nur sehr selten in Deutschland, dementsprechend war der Raum gerammelt voll.

Aufgrund meines langen Aufenthaltes am Waldrand war ich etwas später dran, als mir lieb war. Ich fühle mich generell unwohl, wenn Räume so voll mit mir unbekannten Menschen sind. Wenn ich an größeren Veranstaltungen teilnehme, dann bin ich gern früh da, um mich einzufühlen, mir ein schönes Plätzchen zu sichern und das Wachsen der Menschenmenge langsam mitzuerleben. »Das fängt ja gut an«, nörgelte ich innerlich, und überhaupt, was für komische Leute hierhergekommen waren. Es hatten sich schon Grüppchen gebildet und ich stand gefühlt ziemlich doof allein da. Als der Schamane zu reden begann, sprach er nur auf Englisch und die Übersetzung war für mich viel zu leise. Ich höre nicht so gut und hätte einen Platz ganz vorn gebraucht, doch dort war leider schon alles besetzt. Meine Laune sank immer tiefer in den Keller. Ich hätte auch einfach mal »Bitte lauter!« rufen können. Doch das traute ich mich nicht.

So langsam, aber sicher kroch mein uraltes »Ich bin nicht gut genug«-Gefühl in mir hoch. Je mehr es sich in mir breitmachte, umso künstlicher verhielt ich mich. Ich setzte ein furchtbar freundliches Gesicht auf und tat so, als würde ich jedes Wort verstehen. In der Pause hatte ich das große Glück, persönlich auf den Schamanen zu treffen. Ich lächelte ihn einladend an, in der Hoffnung, ein paar Worte mit ihm austauschen zu können. Pustekuchen, er sah förmlich durch mich hindurch. Er reagierte nicht auf mein sonst so gut funktionierendes zugewandtes Lächeln und meine aufgesetzte Freundlichkeit. Er musste doch fühlen, wie spirituell ich war, dachte ich bei mir. Schließlich war ich jetzt schon seit Jahren hauptberuflich spirituell tätig, beriet Menschen und bildete aus. Sah er denn meine Aura nicht?

Ich strengte mich an, noch etwas heiliger zu erscheinen und besonders weise und wissend auszusehen – keine Chance. Im Nachhinein könnte ich mich königlich über mein Schauspiel amüsieren, doch an dem besagten Abend war ich fix und fertig. All meine Kleinheitsgefühle, mein armes Ich und mein minderwertiges Selbstbild, sie waren auf einen Schlag zurück. Ich wollte nur noch weg. Ich floh nach draußen auf die Terrasse, um nervös eine Zigarette zu rauchen. Dass niemand außer mir rauchte, hätte mir schon zu denken geben müssen. Kaum hatte ich die Fluppe angezündet, da kam der Schamane rausgerauscht und blaffte mich energisch an: »YOU! Not Smoke Cigarettes here!!!« Wie peinlich war das denn, bitte? Alle Augen waren auf mich gerichtet, ich schämte mich in Grund und Boden und mir schossen Tränen in die Augen. All meine Hoffnung, er müsse doch das Besondere in mir erkennen, waren auf einen Schlag vollends zunichte. Ich versuchte wie ein Profi, meine Scham vor den anderen zu verbergen, doch überschattete diese Demütigung meinen gesamten Abend.

Erst am nächsten Tag, nachdem ich viele innere Läuterungen durchlebt hatte, nachdem ich mich für die Gruppe und die gesamte Veranstaltung geöffnet hatte, nachdem ich all meinen Dünkel und meine Masken abgelegt hatte, ging es mir besser. Ich musste erst zu einem gleichwertigen Teil der Gruppe werden. Mir wurde schmerzlich bewusst, dass ich noch weit davon entfernt war, mein eigenes unsicheres Selbstbild in Gänze gewandelt zu haben. Diese Erkenntnis ließ mich ganz demütig werden. Und mit dieser Demut fiel eine riesige Last von meinen Schultern, von der ich gar nicht wusste, dass ich sie all die Jahre mit mir herumgetragen hatte. Ständig war ich versucht, mir und anderen etwas zu beweisen. Ich war voll in meine eigene Falle getappt. Letztendlich brauchte ich nur aufhören, etwas darstellen zu wollen, und mich meiner Authentizität zu widmen.

Ich wurde immer ruhiger und spürte plötzlich ganz viel Liebe und Verständnis für mich selbst. In diesem Moment der Selbstliebe und Erkenntnis passierte etwas Magisches. Der Schamane durchquerte den Raum und kam direkt auf mich zu. Er lächelte mich an, schaute mir tief in meine Seele und wir begannen miteinander zu sprechen. Er in einem gebrochenen Englisch, was ich nicht wirklich verstand, und ich wechselte zwischen Deutsch und Spanisch, was er beides nicht verstand. Das Verrückte war, wir haben uns verstanden, und zwar mit jedem Wort. Er nahm mich sogar noch mit in seinen privaten Raum, um mir begeistert das Foto seiner kleinen Tochter zu zeigen, und er erzählte mir wundervolle magische Geschichten von ihr. Ich fühlte mich gesehen wie noch von keinem Menschen zuvor. Und ich sah ihn. Er bot mir eine selbst gedrehte Zigarette aus heiligem Tabak an, die mir aufgrund ihrer Stärke zu rauchen nicht möglich war. Er erzählte mir, warum er den Tabak der Tabakindustrie nicht tolerierte. Die Tabakindustrie entweihe die heilige Medizin, die der Tabak in Wahrheit sei. Er sprach sehr intensiv von Ehre. »Ehre«, das Wort war mir doch gestern am Waldrand schon einmal begegnet! Der Schamane erklärte mir in seiner klaren Wertschätzung, die für mich wie aus einer anderen Dimension zu kommen schien, dass wir beginnen müssen, unser Sein zu ehren. Wenn der Mensch sich selbst und seinen Vorfahren die Ehre erweist, ist er auch in der Lage, den Planeten mit all seinen Lebewesen zu ehren. Erst dann ehrt er die Schöpfung, dient ihr und heiligt sie. In dem Moment, wo wir uns selbst die Ehre erweisen, werden wir zu Schöpfern des wahrhaftigen Friedens, der wahrhaftigen Freude und der wahrhaftigen Liebe hier auf Erden.

»Alles ist Eins«, sagte er. »Wenn wir uns ehren, können wir in einen wahrhaftigen Kontakt mit dem großen Geist treten.«

Was für ein Wochenende! Ich hatte es verstanden, und zwar bis tief in jede meiner Zellen hinein. Bisher hatte ich alles richtig gemacht, doch Bewusstsein Next Level heißt nicht nur, den inneren Kritiker zu bändigen, sondern es heißt auch, der Göttlichkeit in uns und somit in Allem die Ehre zu erweisen.

EHRE FÜHRT ZU LIEBE

Seit diesem Tag ist mein Leben ein anderes geworden. Ich ehre mich. Ich ehre mich in allem, was ich sehe, was ich berühre, was ich tue, esse, trinke, spreche, schreibe, lehre und und und. Ich ehre die Herausforderungen des Lebens, die Verletzungen, meine Vorfahren, die Vergangenheit, die Zukunft und das Hier und Jetzt. Ich ehre die Verbundenheit mit allem, was ist. Ich ehre die großen Zusammenhänge, meine Fehler, meine Kanten, meine Unfähigkeiten und meine Großartigkeiten. Alles, aber auch wirklich alles erhebe ich aus der Angst in die Liebe und in die Wertschätzung. Ich ehre das Leben und ich ehre den Tod. Alles andere lasse ich los.

Damals fragte ich den Schamanen, warum er die Ehre statt der Liebe in den Vordergrund stellen würde. Ich hatte im ersten Moment mit dem Wort Ehre nicht so viel anfangen können. Er schaute lächelnd bis tief auf den Grund meiner Seele und gefühlt noch tiefer. Seine Worte kamen wie eine Erinnerung aus einer anderen Welt zu mir, als er sagte: »Die Person weiß nicht, was Liebe ist. Für sie ist Liebe an Bedingungen, Erwartungen und Bewertungen geknüpft. Somit ist Liebe degradiert auf ein Gefühl, das empfunden wird oder nicht. Empfinden wir es nicht, kann es nicht erzwungen werden. Täuschen wir Liebe vor, ohne sie zu empfinden, entehren wir den Großen Geist. Wir spielen uns selbst und anderen etwas vor, auch wenn dies in vermeintlich guter Absicht geschieht. Die Person in uns kann nicht alles und jeden lieben. Dieses Bemühen endet in einer Täuschung und erzeugt Enttäuschung und Chaos. Liebe ist die harmonische Frequenz der Mitte, der Balance und damit wohnt in ihr die allergrößte Kraft. Das Verständnis von Ehre wird uns Liebe lehren.«

Sofort fiel mir mein gekünsteltes Verhalten vom Vortag ein. Ich verstand immer mehr, warum er mich ignoriert hatte. Er war sich zu schade für mein falsches Spiel und ich war ihm zu wertvoll für mein falsches Spiel. Und als hätte er meine Gedanken gelesen, nickte er. In mir setzten sich alle Puzzleteile zusammen und ich verstand. Etwas oder jemanden zu ehren, ist unabhängig von Empfindungen umsetzbar. Zu ehren ist ein Bewusstseinszustand, der das große Ganze wertschätzt und begreift. Alles dient allem und es gibt nichts, was nicht dienlich in den Fluss des Lebens hineingehört. Auf der linearen Zeitebene hat alles, was ist, eine Vorgeschichte, ohne die das Jetzige nicht existieren würde, und alles, was jetzt ist, bringt das Kommende hervor. Während sich diese Wahrheit in mir verankerte, schaute er mich an und wohnte meinen stillen Erkenntnissen bei.

Dann lächelte er, hob seine Finger vors Gesicht und formte das Bild von Zahnrädern, die ineinandergreifen. Blicke nicht anklagend zurück auf deine Erfahrungen, schien er zu sagen, sondern achte und ehre sie in deinem Bewusstsein. Das macht dich stark. Von dort aus schau nach vorn. Ist unser Bewusstsein von Ehre erfüllt, fließen Liebe und auch Klarheit in jede unserer Ideen, in jede unserer Entscheidungen, in jede unserer Handlungen, in jede Begegnung und in jegliche Erfahrung.

Das zu praktizieren braucht Tiefe und Bewusstheit, anfangs gelingt es eventuell auch nicht immer. Wir erwischen uns in unbewussten Denk- und Handlungsaktivitäten, ertappen uns beim Lästern, Abwerten,

Jammer, Schimpfen, Klagen und bei Schuldzuweisungen. Was für eine Anmaßung, was für eine Potenzial- und Zeitverschwendung, oder? Wir müssen jemanden weder mögen noch lieben noch sein Verhalten gutheißen, um ihn zu ehren. Wir können allem die Ehre erweisen, weil es für etwas gut sein muss, auch wenn wir den Sinn noch nicht verstehen können.

Mir hat es geholfen, das Wort Ehre für mich als Wertschätzung zu übersetzen. Ich habe mir bei allem, was mir an Unangenehmem widerfuhr, gesagt: »Es wird mir dienen, also wertschätze ich diese Erfahrung.« Ich überging Schwierigkeiten und Ärger nicht mehr achtlos oder verärgert, sondern war wertschätzend offen für das mir Dienende. Ich begann, die Dinge in meinem Leben nicht mehr als Selbstverständlichkeit anzusehen.

Ehre ist ein großes Wort. Wenn wir es mit unserem höheren Bewusstsein erfassen, lässt es deutlich werden, wie viel Macht, Demut, Hingabe, Dankbarkeit, Klarheit, Mut, Weisheit und Güte es beinhaltet. Das Bewusstsein der Ehre lässt Fehlhandlungen nicht zu. Es lässt Gedankenkarusselle, die zwischen Richtig und Falsch hin- und herschwanken, nicht zu. In dem Moment, in dem wir beginnen, alles, was war, was ist und was kommen wird, zu ehren, beginnen sich die Angst und das Gefühl der Getrenntheit zu lösen. Wir spüren uns eingebettet in das große Ganze und es ziehen Frieden und wahrhaftige Liebe in uns ein. Wir gewinnen die Kraft, auch unbequeme Dinge umzusetzen, von deren Wahrhaftigkeit wir überzeugt sind. Es befreit uns von Faulheit und Bequemlichkeit.

Das Tool der Ehre erhebt schlagartig
unser Bewusstsein und verändert unser Leben
auf unerwartet positive Weise.

TOOL EINS. ERSTE AKTIVIERUNG: EINE FRAGE DER EHRE

Die Aktivierung der Ehre besteht aus zwei Schritten, die du nach und nach miteinander verknüpfen solltest.
Widme dich zuerst noch einmal in Achtsamkeit der Empfehlung, die ich dir ein paar Seiten zuvor gegeben habe. Vielleicht hast du schon damit begonnen. Mach beständig weiter, denn je gründlicher es zu deiner Gewohnheit wird, umso besser gelingen dir alle weiteren Tools aus diesem Buch. Zur Erinnerung:

Glaubenssätze entmachten

Notiere dir in den kommenden Wochen alles, was du in inneren negativen Dialogen über dich, deine Mitmenschen und das Leben entdeckst. Schreib dir schonungslos alles auf, sieh genau hin und frage dich jedes Mal:

- Stimmt diese Annahme wirklich? Ist das, was ich hier gerade denke, wirklich wahr?
- Was passiert, wenn ich diese Überzeugung jetzt loslasse? Was passiert, wenn ich dieser Überzeugung keinen Glauben mehr schenke? Wer bin ich ohne ich diesen Glauben?

Hol dir als Zweites die Wertschätzung beziehungsweise Ehre in dein Bewusstsein. Wenn wir beginnen, uns zu ehren, begreifen wir, dass unsere unwahren Glaubenssätze Gift für uns sind. Wenn wir beginnen, alles andere zu ehren, begreifen wir, dass unsere Urteile Gift für uns genauso wie für alles andere sind. Du kannst zu Anfang mit Mantras arbeiten, um dein Bewusstsein zu schulen und Unachtsamkeiten zu korrigieren. Ein Mantra ist ein Werkzeug des Denkens. Es zu sprechen oder zu singen ist ein heiliges Ritual, das uns dazu verhilft, unsere automatisierten Gedankenflüsse in die gewünschte Richtung zu lenken. Mantras wirken über sich selbst und über die Macht der Wiederholung und können in Gedanken oder laut gesagt werden.

Die Kraft eines Mantras der Ehre

Sprich Worte der Wertschätzung, wie: »Mit meinem Leben erweise ich der Schöpfung die Ehre. Alles, was ist und mir widerfährt, dient mir und besteht aus Liebe, Güte und Weisheit. Auch wenn ich vieles nicht verstehe, ehre ich dies als meine Wahrheit.«
Beginne damit, die Dinge in deinem Leben, aber auch dein Leben selbst und dich wertzuschätzen. Mach dir und anderen aufrichtige Komplimente. Bedanke dich bei den Dingen, die du zu dir nimmst. Bedanke dich bei deinem Heim, den Gegenständen deines Alltags. Sorge dafür, dass du in angenehmen wie in unangenehmen Situationen eine offene Haltung für das Ursächliche behältst. Die Ursache kann dich lehren, welches Geschenk die Situation für dich bereithält. Und: Die Ursache solltest du immer bei dir selbst suchen. Was ist dein Anteil an einer erfreulichen oder unangenehmen Situation?
Oftmals muss unser anfänglicher Ärger oder unsere Freude erst mal verglimmen, bis wir uns ehrlich auf die Suche nach unserem Anteil machen können. Manchmal finden wir ihn trotz Bemühung auch einfach nicht. Das ist kein Problem, allein mit der Bereitschaft ehren wir sogar das. Und wir ehren es auch, wenn wir etwas am liebsten weghaben wollen. Du wirst sehen: Wundervolle Lösungen und neue Wachstumsschritte entstehen, wenn du dein Mantra der Ehre anwendest.

Öffne
deinen heiligen
Raum

Schritt zwei:

Im Zentrum deiner Schöpferkraft leben

WAS MIR EIN ENGEL ZEIGTE

Das zweite Tool stand an und dafür hatte ich eine faszinierende Begegnung mit einem echten Engel. Es war vielmehr eine Sie und sie leitete mich an, meinen heiligen Raum zu öffnen. Bei dieser Einweihung geht es darum, sich den »heiligen Raum des vollen Potenzials« zu erschließen und dauerhaft in seinem Zentrum zu leben. Das ermöglicht es uns, gravierenden Einfluss auf unsere Wirklichkeit zu nehmen. Um das positiv zu nutzen, ist es wichtig, dass wir unsere Gedankenschwingung erhöhen – wie bereits beschrieben.

In diesem Kapitel nun werden wir die erhöhten Gedankenschwingungen kraftvoll für die Manifestation dessen verwenden, was wir erreichen, erleben und erschaffen wollen. Lass mich dir veranschaulichen, wie ich den bewussten Zugang zum heiligen Raum erlebt habe, damit du eine bildliche Vorstellung von ihm bekommst. Dann gehen wir auf die Arten ein, wie du ihn zur Manifestation nutzt, und am Ende dieses Kapitels gebe ich dir eine Anleitung, wie du lernst, ihn zu betreten.

DAS ZENTRUM DES HEILIGEN RAUMS UND UNSERE SCHÖPFERFÄHIGKEIT

Der gesamte Tag war schon irgendwie magisch gewesen. Ich hatte in der Nacht einen sehr inspirierenden Traum gehabt, in dem mir ein Webinar-Konzept geschenkt wurde. Nachdem ich das Konzept während des Traumes in meinen Verstand heruntergeladen hatte, wurde ich schlagartig wach. Es war 3.30 Uhr, mitten in der Nacht, und ich sprang hoch motiviert aus dem Bett. Draußen war es stockfinster, ungemütlich kalt und stürmisch. Total aufgeregt kochte ich mir eine Kanne Tee, arrangierte etwas Leckeres zu knabbern, legte meditative Musik auf, zündete ein Räucherstäbchen und ganz viele Kerzen an.

Es war bezaubernd. Ich spürte, dass mich eine ganz besondere Führung begleitete. Ich schnappte mir mein Laptop, kroch unter meine Kuscheldecke und fing an, das Konzept niederzuschreiben. Erst geschlagene sechzehn Stunden später stand ich wieder auf. Total versunken in mein Schreiben hatte ich nicht bemerkt, wie die Zeit vergangen war. Ich war fix und alle, mir taten alle Knochen weh. Draußen wurde es schon wieder dunkel und ich war immer noch strubbelig und im Schlafanzug. Ich fühlte mich überglücklich, jedoch auch todmüde ...

Nachdem ich etwas gegessen und meinen Körper ordentlich gestretcht hatte, lümmelte ich mich wieder auf die Couch, um für einen Moment meine müden Augen zu schließen. Da nahm ich plötzlich einen sehr vertrauten, aber nicht einzuordnenden Geruch war. Lieblich, blumig, mit einem Hauch von Salbei und Weihrauch. Überzeugt davon, dass sich jemand, der so riecht, an meine Couch angeschlichen hatte, riss ich die Augen auf. Doch da war niemand. Dieser Duft aber war so intensiv, dass ich verwirrt aufstand, um schnüffelnd zu prüfen, woher er kam. Doch ich fand nichts. Verwundert schlurfte ich zurück zur Couch und je näher ich ihr kam, umso intensiver wurde der Geruch.

Verwundert ließ ich mich in die Duftwolke hineinsinken und schloss wieder die Augen. Als ich so dalag, spürte ich, wie mich eine überwältigende Liebe umfloss und durchströmte.

Und dann geschah es: Ganz langsam manifestierte sich ein weiblich anmutendes Engelwesen. Behutsam bettete sie meinen Kopf auf ihrem Schoß. Ich dachte darüber nach, wer sie wohl sei. Sie kam mir bekannt vor, auch wenn ich mir sicher bin, sie noch nie zuvor gesehen zu haben. Meine Aufmerksamkeit klebte an ihren Haaren: viele kleine Zöpfe, die wie Tentakelarme ein lustiges Eigenleben zu führen schienen.

Das Engelwesen schaute mich mit unbeschreiblicher Liebe an und streichelte mit einer Hand ganz sanft und beruhigend meinen Kopf. Mit der anderen Hand strich sie Energien aus meinem Körper heraus. Ein tiefes Gefühl der Entspannung stellte sich ein und absolute Gedankenstille. Diese Gedankenstille war eine faszinierende Erfahrung und sie ließ mich eintreten in einen Raum des Nichts, in dem mich zuerst absolute Dunkelheit empfing. Doch dieses Nichts war lebendig und langsam entstand ein helles, weißes Licht. Ich bin mir nicht mal sicher, ob ich es als Licht bezeichnen kann, denn es schien in gewisser Weise auch stofflich zu sein. Es schien eine ätherisch-feinstoffliche Masse zu haben. Mir wurde klar, dass ich in einen anderen Bewusstseinszustand gewechselt hatte.

Ich befand mich im Raum des unbegrenzten Potenzials. Bestehend aus Dunkelheit und dieser fast greifbaren lichtvollen Ursubstanz, die alles enthält und alles hervorbringt.

Diese Substanz lässt sich am besten als subtiles, intelligentes Plasma beschreiben. Zuerst befand sich mein Bewusstsein in einem Schwebezustand mitten in diesem Raum des Nichts, es war Teil dieser Substanz und zugleich getragen davon. Dann bemerkte ich, dass ich gleichzeitig überall sein konnte. Immer dann, wenn sich mein Geist einschaltete, bildete sich, noch bevor ich meinen Geistesblitz denkend realisieren konnte, das Geistige bildlich vor meinen Augen aus dem Nichts heraus. Ich schuf mit meinen Geist eine Art von feinstofflicher Materie und die Antworten auf meine innerlich gestellten Fragen. Es war eine faszinierende Erfahrung, mit diesem Feld zu kommunizieren und gleichzeitig zu spüren, dass ich es selbst war.

Das Engelwesen ließ mich gewähren. Immer wieder tauchte ich in meinen Geist ein und je tiefer ich hineinsank, umso lebendiger wurden die Bilder, bis sie zur materiellen Erfahrungswelt wurden, ähnlich unserer weltlichen Realität. Das Engelwesen holte mich über das beruhigende Streicheln meines Kopfes immer wieder zurück in den Zustand des Nichts. Liebevoll, ohne Worte dabei zu verwenden, strich sie mir stets neu meine Gedanken aus dem Kopf. Im gedankenlosen Nichts war mein Herz weit offen. In meiner erzeugten Geistesrealität spürte ich hingegen, wie sich der Zugang zu meinem Herzen verschloss. Ich konnte das Wesen des Geistes und das Wesen der Seele im Wechselspiel erleben. Das Engelwesen mit der lustigen Medusafrisur ließ mich liebevoll erfahren, wie alles – aber wirklich alles – über unseren Geist aus dem heiligen Raum des vollen Potenzials, dem Feld der unbegrenzten Möglichkeiten definiert wird.

DER RAUM DER MÖGLICHKEITEN

Ist es dir schon mal passiert, dass du so tief in deine Gedanken versunken warst, dass um dich herum alle Realität ausgeblendet war und du durch und durch in deiner Gedankenwelt existiert hast? Besonders wenn wir über Gewesenes nachsinnen, erleben wir die Vergangenheit oftmals sehr eindrucksvoll mit allen Sinnen. Doch bestimmt hast du auch schon einmal die Erfahrung gemacht, dass du dir die Zukunft ausgemalt hast. Kennst du die inneren Fragen? »Was wird passieren, wenn …?« »Was werde ich in dem Gespräch mit XY sagen?« »Wie wird er oder sie reagieren?« »Was denkt der andere?« Auch hier dürften deine Gedankenbilder sehr realitätsnah wahrnehmbar sein, stimmt's? Auch sogenannte Tagträume weisen dieses Phänomen auf.
Über die Identifikation mit unseren Gedanken entsteht für uns der Eindruck einer realen physischen Welt. Einer Welt, die uns sozusagen passiert, statt dass wir sie passieren. Oder anders gesagt: Wir passieren den Weg entlang der Bilderreihe unserer erdachten Ereignisse. In dem Moment, wo sie vor uns erscheinen, nehmen wir sie als Realität wahr. Alles, was wir sehen, anfassen, fühlen, riechen und schmecken, ist das Gewordene, das wir aus dem heiligen Raum der Möglichkeiten in unser Erfahrungsfeld hinein erdachten.
In diesem Raum ist alles, was du dir vorstellen kannst, und noch viel mehr, als Information vorhanden. Das, womit du dich jedoch gedanklich identifizierst, tritt für dich in Erscheinung. Manches sofort,

anderes braucht ein Weilchen. Daher bringt es meiner Meinung nach nichts, sich über etwas zu beschweren oder gegen etwas zu kämpfen. Wir sehen anhand dessen, was in Erscheinung getreten ist, lediglich, womit wir uns gedanklich identifiziert haben.
Somit lautet die Frage, wann immer dir etwas nicht gefällt, was sich in deinem Leben zeigt: Womit möchtest du dich stattdessen identifizieren? An dieser Stelle möchte ich noch einmal verdeutlichen, wie wichtig die Grundlagen sind, die ich dir bereits mitgegeben habe. Die wahre Schöpfung, sprich, das noch zu Werdende, geschieht im Bewusstsein. Alle gewünschte Veränderung kann nur und ausschließlich durch sowie im Bewusstsein geschehen. Vielleicht denkst du, das ist doch nichts Neues, wir sprechen ja schließlich immer wieder davon, dass unsere Gedanken unsere Realität erzeugen. Doch dieses zweite Tool, um das es hier geht, wird unser bisheriges Wissen in den Schatten stellen. Wir existieren in diesem heiligen Raum. Wir selbst sind dieser heilige Raum. Wir müssen unsere begrenzte Vorstellung über uns selbst loslassen, um diesen Raum bewusst einzunehmen. Je achtsamer du die Lektion aus dem ersten Schritt integriert hast, umso klarer wird dein Zugang zu deinem heiligen Raum.

»Energie folgt der Aufmerksamkeit.« Das heißt:
Die Energie = Seele folgt der Aufmerksamkeit = Geist.

Dort, wo unsere Aufmerksamkeit länger verweilt, definiert sich das, was die Aufmerksamkeit erregt, aus dem Energiefeld ins Greifbare hinein. Damit erzeugen wir Realität.
Das Engelwesen wies mich immer wieder an, meine Gedanken stillzulegen oder aber, sie weise und bewusst zu wählen. Sie zeigte mir, dass alles, womit ich mich beschäftige, ein machtvolles Schöpferpotenzial beinhaltet, das mir in meinem persönlichen Alltag noch nicht bewusst ist. Hier bekommt der Satz »Das höchste Gut des Menschen ist sein

freier Wille« eine tiefere Bedeutung. Wir selbst sind der heilige Raum, in dem sich alles abspielt.

Wenn wir diesen Prozess unterstützen möchten, sollten wir den unkontrollierten Bewegungen unseres Verstandes keine Aufmerksamkeit mehr schenken. Wenn wir nicht aufpassen, ziehen uns unsere unkontrollierten Gedanken immer wieder in ihren Bann. Das wäre nicht schlimm, würden diese Gedanken von positiven und erbaulichen Dingen handeln. Doch leider hat die Persönlichkeit des Menschen auf unbewusster Ebene ein unerfreuliches Interesse daran, fasziniert in Dramen, Schuldzuweisungen und Bewertungen einzutauchen. Schauen wir auf unsere verstandesorientierten Gedanken, hält uns das von den Informationen unseres Geistes fern.

Wir sollten unserem Verstand aus unserer Bewusstheit heraus sagen, was er denken soll, sonst denkt er, was er will. Dazu brauchen wir Gedankenlücken und Gedankenstille, um aus der Bewusstheit heraus ein geistiges Denken zu ermöglichen. Selbstbeobachtung und Meditation können uns dabei helfen. Nimm dir daher unbedingt die Zeit, zu lernen und zu bemerken, wann du an deinen unbewussten Gedanken klebst, und begib dich immer häufiger in die Stille jenseits deines Verstandes. Wir sind längst das, was wir sehnsüchtig versuchen zu sein. Wir identifizieren uns nur mit unserem falschen Selbstbild.

IM HEILIGEN RAUM LEBEN

Der heilige Raum des vollen Potenzials ist der Raum der unbegrenzten Möglichkeiten. Es gibt nichts, was wir nicht umgehend selbst erschaffen können. Und nichts um uns her, was wir nicht selbst erschaffen haben. Aus diesem Grund halte ich es für immens wichtig, dass wir uns von manipulierenden Gesprächen, aber auch von den üblichen »Nachrichten« distanzieren. Alles, was wir aufnehmen, beeinflusst unser Denken. Alles, was bisher erschaffen wurde und uns missfällt,

kann durch konsequente Bewusstseinsausrichtung eine nachhaltige und bahnbrechende Neuausrichtung ermöglichen.
Dafür können wir zum Beispiel über Meditation in den Raum des Nichts eintreten, um mit diesem Raum bewusst zu verschmelzen. Meditation ist eine gute Übung, um zu lernen, den Gedanken des Verstandes nicht so viel Aufmerksamkeit zu widmen. Wir können mit ihr trainieren, den Raum zu betreten und länger in ihm zu verweilen. Doch löse dich mit der Zeit von allen Techniken. Sobald wir mit dem heiligen Raum Bekanntschaft gemacht haben, sollten wir dazu übergehen, uns in jedem Moment dieses Raumes bewusst zu sein. Das hat den größten Effekt. Machen wir uns konsequent bewusst, dass alles, was wir in unserer Umgebung wahrnehmen können, seien es Dinge oder Umstände, das längst Gewordene ist. All das haben wir bereits über unsere Aufmerksamkeit, ob bewusst oder unbewusst, in die Welt der Erscheinungen und Erfahrungen gerufen.
Die Welt der Erscheinungen entspricht unserer Realität, ist jedoch unter dem Aspekt des längst Gewordenen die Vergangenheit. Die Zukunft lenken wir darüber, wie wir das Gewordene empfinden, wie wir darauf reagieren, wovon wir in der Tiefe überzeugt sind und wohin unsere weitere Aufmerksamkeit fließt.
Es gibt neben dem meditativen Eintauchen auch Dinge, die wir während unserer ganz alltäglichen Abläufe berücksichtigen sollten, um etwas über den heiligen Raum zu erschaffen. Ich möchte sie anhand von einigen Beispielen mit dir teilen.

FÜR ORDNUNG SORGEN UND SICH KÜMMERN

Ordnung ist die Grundvoraussetzung für Harmonie, Balance, Wohlstand, Gesundheit und Lebendigkeit. Ich hatte beispielsweise eine Kundin, bei der das reine Vorstellungsvermögen und die Visualisierung nicht ausreichten, um ihr Leben in eine positive Richtung zu verändern. Sie war aufgefordert, das, was schon geworden war, aufzuräumen und sich tatkräftig um das in ihrem Leben vorherrschende Chaos zu kümmern. Diese Kundin hatte immer wieder große finanzielle Nöte. Seit Jahren hatte sie versucht, mit Affirmationen und vielen Nebenjobs ihr Problem zu lösen. Doch ihr gesamter Alltag dreht sich um Geldsorgen. Diese Sorgen waren berechtigt, denn ständig flatterten Rechnungen, Mahnungen und Pfändungsbescheide ins Haus. Aus Angst ging sie seit Längerem nicht mehr an ihren Briefkasten und erstarrte aus Angst vor dem Gerichtsvollzieher, wenn es an der Haustür klingelte. Sie lebte in einem realen Albtraum.

Als wir anfingen, miteinander zu arbeiten, war schnell erkennbar, dass auch in ihrem heiligen Raum Chaos herrschte. Wir versuchten mithilfe von Übungen, dort Harmonie zu erzeugen. Doch sie war nicht in der Lage, sich in ihrem heiligen Raum aufzuhalten. Immer wieder fiel sie heraus und erstarrte in Angst. Zuerst mussten wir uns daher um das Gewordene kümmern. Denn durch das Nichtkümmern waren schließlich ihre Probleme entstanden. Sie hatte in der Vergangenheit der Eigenverantwortung wenig Beachtung geschenkt, sie lebte in einem die Realität verdrängenden Vertrauen, dass sich schon alles richten würde. Sie spürte die Probleme immer größer werden – und schaute weg, lenkte sich ab und lebte weiter, als wäre alles in Ordnung. Sie konnte sich zwar in dem tiefen Vertrauen üben, dass sich alles lösen würde, doch ein solches Verdrängen ist allenfalls eine spirituell wirkende Zier. Unter der Oberfläche wuchs tief in ihrem Inneren eine Unruhe, die ihren heiligen Raum völlig in Unordnung brachte. Dieses Chaos manifestierte sich zusehends in ihrem Leben und ein Gefühl der Ausweglosigkeit machte es ihr beinahe unmöglich, ihr Verhalten zu ändern.

Es ist wirkungslos, Fülle manifestieren zu wollen, wenn sich die Angst im Herzen festklammert und die Mahnungen sich im Briefkasten stapeln.

Wir lösten den ersten Knoten, indem sie eine Freundin, mit der sie sich wöchentlich traf, bat, mit ihr gemeinsam die Post zu öffnen. Wann immer sie zu ihrer Freundin ging, musste sie vorher den Briefkasten leeren und die Post mitnehmen. Die Freundin hatte die Aufgabe, keine Ausreden gelten zu lassen und sie die dreißig Kilometer wieder nach Hause zu schicken, wenn sie den Briefkasten ignoriert hatte. Die Freundin öffnete einen Brief nach dem anderen, las ihn sich durch und ordnete die Post nach Prioritäten. Es wurde ein befreundeter Anwalt hinzugezogen, der sich kostenlos um die Kommunikation mit den fordernden Parteien kümmerte und geringere Raten und Mahngebühren aushandelte.

Nach und nach kam Licht ins Dunkel, die innere und äußere Last wurde allein durch diese Maßnahmen schon geringer. Auch wenn sie noch nicht alle Probleme beseitigt hatte, fühlte sich die Kundin im Vergleich zu den vergangenen Jahren reich beschenkt. Je ruhiger und optimistischer sie wurde, umso mehr verbesserte sich das Energiefeld in ihrem heiligen Raum. Wir erarbeiten weitere Ordnungspläne, wie beispielsweise das Ausmisten der übervollen Kleiderschränke und der Wohnung. Sie begann, ganz bewusst Ordnung zu praktizieren und für Erleichterung zu sorgen, und erlebte dies auch psychisch. Der gigantische Effekt ihrer äußeren Ordnung und ihre dadurch entstandene Dankbarkeit schenkte ihr nach und nach ein Füllebewusstsein. So ergab es sich, dass der Arbeitgeber einer ihrer Nebenjobs ihr eine unerwartete Chance bot. Sie sollte in einen anderen Verantwortungsbereich wechseln, in den er sie einarbeiten würde. Die Bezahlung erfolgte neben einem festen Grundeinkommen auf Provisionsbasis, was es ihr ermöglichte, das Einkommen aufgrund ihrer Leistung selbst zu bestimmen. Je selbstbewusster sie in ihre neue Tätigkeit hineinwuchs und sich in die Produktpalette einarbeitete, bis sie voll und ganz dahinterstand, umso mehr stieg ihr Einkommen. Aus meiner Sicht war das die Abrundung des inneren Prozesses, der sie aufforderte, ihr altes Mangeldenken zu überwinden und in sich durch und durch Selbstbewusstsein zu integrieren. Was soll ich sagen? Sie verdient mittlerweile ein kleines Vermögen in einem Bereich, in dem sie voll und ganz aufgeht. Und sie hilft anderen Menschen, aus ihren eigenen Pattsituationen herauszukommen.

> Der heilige Raum ist immer mit uns verbunden,
> wir selbst sind der heilige Raum.

Unser Unterbewusstsein hat eine enorme Wirkung auf ihn, genauso wie immer wiederkehrende Gedanken, die mit Gefühlen aufgeladen sind. Ich selbst blende mittlerweile alles aus, was ich nicht erschaffen möchte. Das tue ich konsequent und beharrlich. Und das führt uns hier zu einer weiteren machtvollen Qualität.

SELBSTBESTIMMTHEIT

So erhielt ich zum Beispiel vor ein paar Tagen die Anfrage eines Mannes, der noch einmal mit mir telefonieren wollte. Ich spürte ein nicht zu begründendes Störgefühl in mir, dem ich auf den Grund ging. Ich machte mir bewusst, dass ich erstens meine Zeit anders verplant hatte. Zweitens war mir nach meinem ersten Telefonat mit ihm ein unangenehmes Gefühl zurückgeblieben. Da ich allerdings mein Gegenüber wertschätze, hatte ich mir keine weiteren Gedanken darüber gemacht. Doch jetzt erinnerte ich mich daran und sagte ihm höflich, dass ich nicht telefonieren möchte. Er antwortete darauf, dass dreißig Minuten ja wohl drin sein müssen, und setzte selbstbewusst einen Termin fest. Er schrieb noch bedeutungsschwanger, er hätte etwas Wichtiges für mich. Ich wunderte mich über diese Dreistigkeit. Hatte ich mich nicht verständlich ausgedrückt? Mein Störgefühl wuchs. Ich sagte höflich, jedoch bestimmt Nein. Daraufhin erntete ich beleidigende und über-

griffige Nachrichten, auf die ich nicht mehr einging. Ich war froh, auf mein Bauchgefühl gehört zu haben.
Am nächsten Morgen bekam ich von ihm Empfehlungen von YouTube-Beiträgen über bevorstehende Katastrophen und Kriege. Um es kurz zu machen: Ich öffnete diese Beiträge nicht. Ihre reißerischen Titel hatten mir gereicht. Auch widerstand ich dem Impuls, ihn zurechtzuweisen, sondern begab mich konsequent in mein Feld des Friedens. Ich blockierte den Kontakt.
Warum teile ich das mit dir? Hätte ich mir die Bewusstheit von Schritt eins nicht erarbeitet, wäre ich aufgrund von Höflichkeit und falsch interpretiertem Verständnis in eine versucht wertschätzende und mich erklärende Unterhaltung abgerutscht. Ich hätte mich verbogen und ihn auch nicht kommentarlos blockiert. Das Blockieren mag vielleicht nicht die feine Art sein, aber es war die mich selbst ehrende und den heiligen Raum wahrende, einzig stimmige Konsequenz. Erinnere dich an den Schamanen, er hat mich auch nicht beiseitegenommen und mir meine Maskerade und die dahinter liegende Unsicherheit erklärt. Er ist nicht helfend eingeschritten, sondern hat mich einfach ignoriert und ist auf meinen Affenzirkus, mit dem ich auf mich aufmerksam machen wollte, nicht eingestiegen. Er vertraute mir, dass ich das schon selbst hinbekomme. Das ist auch eine Form, »den Nächsten« zu ehren.

Wo verbiegst du dich?

Du kannst darauf vertrauen, dass deine Ignoranz und deine Weigerung, dich auf gewisse Dinge einzulassen, schon das Richtige bewirken wird – wenn sie von dir als stimmig empfunden werden. Schau mal in deinen Alltag:

- Wo verbiegst du dich, um anderen zu gefallen?
- Wo bist du nett und höflich, um keinen Ärger zu bekommen?

- Wo reagierst du auf die Erwartungen von außen und lässt deine Pläne durchkreuzen?
- Wo lässt du dich in Gespräche verwickeln, deren Informationen dir und deinem Seelenheil nicht guttun?
- Musst du wirklich Sensationsnachrichten konsumieren?

KONSEQUENZ

Es ist dein heiliger Raum, achte darauf, ihn dir nicht von anderen beschmutzen zu lassen. Es ist brandgefährlich, sich mit Dingen auseinanderzusetzen, die du nicht erschaffen möchtest. Wenn wir dieses Verständnis berücksichtigen, müssten sofort alle Nachrichten abgeschafft werden, maximal positive und erhebende Nachrichten dürften erlaubt sein. Bedenke, wir haben nicht nur einen persönlichen heiligen Raum, sondern all unsere heiligen Räume bilden einen kollektiven heiligen Raum. Wir können Frieden in der Welt erzeugen, wenn wir den Frieden in uns tragen. Wenn wir uns hingegen ständig mit den längst entstandenen Katastrophen und mit drohenden Gefahren befassen, leisten wir uns einen Bärendienst. Es ist ein sehr schmaler Grat zwischen dem sich bewusst Informieren, um sich zum Beispiel helfend einbringen zu können, wo Not am Mann ist, und dem Konsumieren angstvoll drohender Schreckensszenarien.

Konsequent zu leben, ist eine Entscheidung, mit der wir Verantwortung übernehmen. Wir ziehen Konsequenzen, statt rumzueiern. Beobachte aufmerksam, was dir guttut und was nicht, was dich weiterbringt und was dich aufhält, was dir Energie schenkt und was nicht. In meinem Umfeld habe ich sehr streng alles Gejammer und alle Angst erzeugenden Gespräche unterbunden. Leider musste ich mich auch von Menschen distanzieren, die nicht in der Lage sind, sich daran zu halten. Ich bin sehr konsequent darin, mich innerlich auf das auszurichten, was ich erleben will. Da kann ich Störfelder der Unbewusstheit von anderen einfach nicht gebrauchen. Wir haben schon genug Herausforderungen damit, in der sichtbaren Welt unseren lärmenden Verstand zu bändigen und den Blick fokussiert auf Ordnung und Balance zu halten.

Keine falschen Kompromisse

Verbiegst du dich noch, um andere nicht vor den Kopf zu stoßen? Gibt es eine Möglichkeit, damit zu beginnen, zu dir zu stehen? Starte dort, wo du es dir zutraust. Steigere dich Stück für Stück darin, alles, was nicht deiner Wahrheit entspricht, dort zu lassen, wo es hingehört. Verurteile nicht, doch lass dich nicht auf falsche Kompromisse ein. Ich weiß, dass es funktioniert. Ich habe Wunder erlebt, wie folgendes Beispiel belegt.

ÜBERZEUGUNG

Ich war damals dreißig Jahre alt und Mutter meiner über alles geliebten dreijährigen Tochter. Wir klebten aneinander und sie war sehr ungern von mir getrennt. Eines Tages wurde deutlich, dass sie die Mandeln rausoperiert bekommen sollte. Fast täglich rief ich bei dem Arzt, der die Operation durchführen sollte, an und bat ihn vergeblich darum, mit in den OP-Saal zu dürfen, bis die Narkose wirkt. Ich war eine liebende Löwenmutter, die ihrem Kind beistehen wollte. Er empfand mich verständlicherweise als hysterisch und rückblickend sehe ich das natürlich ein. Doch war es meine unumstößliche Wahrheit, dass meine Tochter eine Vertrauensperson an ihrer Seite brauchte, und ich wollte alles dafür tun.

Da ich mit Argumenten nicht weiterkam, aktivierte ich all meine spirituellen Fähigkeiten, die mir zum damaligen Zeitpunkt geläufig waren, und manifestierte eine Lösung. Ich ließ offen, wie diese Lösung zustande kommen sollte. Doch ließ ich innerlich keinen einzigen Zweifel zu, dass es eine Lösung für das Problem geben wird, die allen Beteiligten dienen würde.

Kurz vor dem besagten Termin waren wir als Familie auf einem großen Stadtfest. Von all den Tausenden Menschen dort lernten wir ausgerechnet einen der Anästhesieärzte des Krankenhauses kennen. Um es kurz zu machen: Er freundete sich mit meiner Tochter an, verlegte seine Arbeitsschicht so, dass er sie in den Operationsaal führen konnte und sie persönlich in die Narkose versetzte. Sie hatte ihn vertrauensvoll in ihr Herz geschlossen und fühlte sich geborgen.

Damals wusste ich noch nichts über den heiligen Raum, doch wusste ich instinktiv, dass meine unerschütterliche Überzeugung eine Lösung herbeiführen wird. Ich gebe zu, es war nicht leicht, denn logisch sprach alles dagegen. Ich hatte keine Ahnung, wie diese Lösung aussehen sollte, und mein Verstand setzte alles daran, mich in der Angst zu halten. Doch die Lösung manifestierte sich.

Während einer drohenden Gefahr ist Manifestation ein sehr schmaler Grat. Wir müssen zuallererst eine empfundene Notlage akzeptieren, sie voll und ganz annehmen und mit ihr einverstanden sein, damit wir aus der Dominanz der Angst herauskommen. Dreht sich unser Verstand nur noch um die Angst oder das Problem, werden wir keine Lösung aus dem Feld des heiligen Raumes ziehen können.

Sobald wir uns der Situation ergeben haben, können wir in die innere Ruhe der Gewissheit eintauchen, dass sich die Situation zum bestmöglichen Ergebnis wenden wird.

Finde heraus, ob es in deinem Leben drohende Notsituationen gibt, denen du dich hilflos ausgeliefert fühlst. Beginne damit, dich mit dem Schlimmsten, was passieren könnte, anzufreunden. So hart es scheint, es ist erst mal nur ein Gedankenspiel, dem du dich voller Vertrauen hingeben kannst. Frage dich: »Was kann im schlimmsten Fall passieren?« Schau diese Angst so lange an, bis du ruhig wirst. Der angstvolle Widerstand gegen die drohende Gefahr hat eine sehr hohe Manifestationskraft, da er mit mächtigen negativen Gefühlen aufgeladen ist. Sobald du dich in die Akzeptanz hineinbegibst, fokussiert sich automatisch die Energie im heiligen Raum auf Ruhe. Damit hat der nächste Schritt, nämlich deine unerschütterliche Überzeugung, dass es eine Lösung geben wird, die volle Kraft, um dein gewünschtes Ergebnis zu manifestieren.

Überzeugung oder Gewissheit ist eine sehr machtvolle Kraft, die unumstößlich jeden aufkommenden Zweifel ignoriert. Bei vielen Menschen löst das Wort Macht Störgefühle aus, weil es in unserer Gesellschaft negativ besetzt ist. Dennoch ist jeder und jede Einzelne von uns ein machtvolles Schöpferwesen. Es steht dir frei, diese Kraft zum höchsten Wohle der Ordnung einzusetzen. Dies soll dir folgendes Beispiel veranschaulichen.

MACHT

Mit Anfang dreißig bin ich mit einer sehr ungewöhnlichen Seite meiner Macht in Berührung gekommen. Ich war schon seit Monaten krank. Es hatten sich Pusteln an meinen Fingern gebildet, die extreme Schmerzen hervorriefen und meine Finger hässlich verformten. Jede Handbewegung tat mir weh und ich konnte nur unter Schmerzen etwas anfassen. Meine Odyssee durch die Arztpraxen war ein Albtraum. Nichts brachte Linderung und es wusste auch niemand, was mir fehlte. Mittlerweile hatten sich die Pusteln über beide Hände verteilt und gingen auf die Unterarme über. Resigniert beschloss ich nach einem Jahr, doch noch mal einen neuen Hautarzt aufzusuchen. Er blickte meine mittlerweile schlimm verformten Hände an, die aussahen wie entzündete Klumpen, und sagte, dass es sich hier um eine sehr schlimme Form von Knötchenflechte handeln würde und dass diese nicht heilbar sei.

»Nicht heilbar?«, stammelte ich. »Nein« sagte er, »im Gegenteil, die Flechte wird sich nach und nach über Ihren gesamten Körper ausbreiten.« Geschockt stieß ich aus: »Auch im Gesicht?!« Genervt und selbstherrlich antwortete er: »Ja, Frau Giese, auch im Gesicht, es sei denn, Ihr Gesicht gehört nicht zu Ihrem Körper.« Mir schossen die Tränen in die Augen, ich schnappte meine Tasche und stürmte wortlos aus der Praxis. Im Treppenhaus fiel ich fast in Ohnmacht. Ich sehe heute noch vor mir, wie ich mich mit beiden schmerzenden Händen am schwarzen Metallgeländer festklammern musste, um aus der ersten Etage ins Freie zu kommen. Der unangenehm muffige Geruch des Hausflures und die kleinen weiß gesprenkelten Marmorfliesen des Bodens haben sich tief in meine Erinnerung gebrannt. Irgendwie hab ich es zu meinem Auto geschafft und als sich die Fahrertür hinter mir schloss, brach ich in Tränen aus. Ich erlitt einen Nervenzusammenbruch. Ich war noch so jung und sah einer Zukunft als entstellte Frau mit furchtbaren Schmerzen entgegen.

Nach einiger Zeit fuhr ich nach Hause. Seelisch war ich total erledigt und sagte meinem Mann, dass ich ins Bett gehen würde und die kommenden Stunden nicht gestört werden wollte. Ich erinnere mich noch an seinen verwunderten Blick, solch eine Ansage war er von mir nicht gewohnt. Allerdings sagte er nichts dazu, denn er spürte, dass ich kurz vorm Explodieren war.

Ich wollte mein Schicksal nicht akzeptieren. Ich war so unglaublich wütend. »Ja, Frau Giese, auch im Gesicht, es sei denn, Ihr Gesicht gehört nicht zu Ihrem Körper.« Was bildete sich dieser Lackaffe eigentlich ein! Hatte er keinerlei Mitgefühl?

Heute weiß ich: Genau diesen Menschen hab ich gebraucht. Nur durch seine unempathische Art, seine Unverschämtheit und seine niederschmetternde Prognose war ich in der Lage, an die machtvollste Kraft in mir zu gelangen.
Ich legte mich ins Bett, schloss die Augen und sammelte im Zentrum meines Bauches einen riesigen Feuerball. Bestehend aus all meinem Willen, all meiner Wut, aus allem, was sich irgendwie nach zähnefletschender Power anfühlte.

Wisse, Wut ist ein heiliges Geschenk!

Ich aktivierte in diesem Moment über die Wut meine machtvollsten Selbstheilungskräfte. Diese ließ ich wie ein Fegefeuer durch meinen Körper fahren, mit einem Befehl, der keinen Widerspruch duldete: Die Knötchenflechte muss auf der Stelle verschwinden! Sie ist unerwünscht und hat keinerlei Berechtigung, in meinem Körper zu sein. Ich hielt diesen Zustand minutenlang, solange es ging. Ich ließ keinen Zweifel zu, dass es funktioniert. Jeder sich einschleichende Gedanke wurde radikal mit verbrannt. Ich hatte nichts zu verlieren und ich war so wütend, dass es mich nicht gewundert hätte, wenn meine Augen geglüht und ich Feuer gespuckt hätte. Bis zur Heilung sprach ich mit niemandem über das Erlebnis. Drei Tage später war die Knötchenflechte komplett und für immer verschwunden.
Die wahre Kunst beim Manifestieren über den heiligen Raum ist unsere bedingungslose Ehrlichkeit. Wenn ich meine Wut unterdrückt und ausschließlich Licht-und-Liebe-Gedanken angewandt hätte, wäre aller Wahrscheinlichkeit nach nichts passiert. Ich hätte unterdrückt, was wirklich da gewesen war. Auch glaube ich, dass meine Knötchenflechte erst aufgrund von angestauter Wut in mir ausgebrochen ist. Über diese Erfahrung hab ich nicht nur die Knötchenflechte geheilt, sondern auch meine Ehrlichkeit befreit.

Jahrelang hatte ich mich angepasst und den schönen Schein gewahrt. Mir war das nicht wirklich bewusst, denn ich wollte dieses Leben, genau so, wie es war. Doch unter meiner Wut kam meine Ehrlichkeit zum Vorschein und ich musste mir eingestehen: Ich hatte alles, was ich wollte, aber ich war unglücklich. Ich lebte ein Konzept, das mir nicht mehr entsprach und nicht mehr guttat.

Kurz darauf trennten wir uns, mein Mann und ich. Es war sehr schmerzlich und doch beschlossen wir, all unsere Energie dafür zu verwenden, Freunde zu bleiben und gemeinsam die besten Eltern für unser Kind zu sein. Es ist uns gelungen. Wir sind heute noch, zwanzig Jahre nach der Trennung, die besten Freunde und unsere Tochter sagt aufrichtig, sie hatte eine schöne Kindheit mit zwei verschiedenen Elternhäusern, in denen sie sich immer geliebt gefühlt hat. Wir haben auf jedes Gezerre verzichtet und die Bedürfnisse unserer Tochter ebenso wie unsere balancierend in den Mittelpunkt gestellt.

Unterdrückte Wut ist nicht nur ein sehr kraftvoller Negativmanifestator, sondern sie ist uns auch ein Wegweiser zu unserer tiefsten Ehrlichkeit. Nicht immer muss die befreite Ehrlichkeit in Trennung oder Lebensumbrüche führen. Sobald wir unseren Ärger und unsere Enttäuschungen nicht herunterschlucken, stauen sie sich nicht in Wut auf und ermöglichen uns, die Power der Klarheit in unser Leben einzuladen. Sobald wir ehrlich und in Klarheit kommunizieren, löst sich der Nebel in unserem Leben auf.

Deine Wut

Schau dir für dich persönlich an: Wo fühlst du Wut, Enttäuschung und Ärger? Schau dir an, ob du sie womöglich unterdrückst und aufgrund von unnatürlichen Benimmregeln nicht zum Ausdruck bringst.

SELBSTLOSE LIEBE

Es gibt noch ein weiteres Manifestationswerkzeug, das uns wahre Wunder erleben lässt: die selbstlose Liebe. Ein ganz besonderes Wunder ist es dabei für mich, wenn höhere Wesenheiten persönlich eingreifen. Und ein solches Wunder möchte ich jetzt mit dir teilen.

Mein Vater ist spanischer Herkunft, somit lebt ein großer Teil meiner Verwandtschaft in Spanien, vornehmlich in Madrid. Eines Tages stand eine große Hochzeit meiner Cousine an. Ich sah nach vielen Jahren all meine Cousins und Cousinen wieder, es war ein sehr aufregendes und inspirierendes Familientreffen. Ein Teil von uns beschloss, während meines Aufenthaltes gemeinsam feiern zu gehen. Da es die Spanier in meiner Familie nicht so mit Pünktlichkeit und Planung haben, beschlossen wir, dass sich alle bei mir im Hotel treffen und wir von da aus schauen, wohin wir ausschwärmen würden. Wir tranken etwas zusammen, redeten laut und wild durcheinander und hatten eine Menge Spaß.

Ich war unglaublich glücklich an diesem Tag und zog mich kurz zurück. Ich wollte einfach nur ein bisschen auf der Fensterbank am offenen Fenster sitzen und mein Dankbarkeitsgefühl in die sternenklare Nacht aussenden. Ich ging quer durch den Raum auf die andere Seite und schwang mich hoch auf die schmale Fensterbank. Durch meinen Schwung verfehlte mein Po allerdings das Holz, er hing draußen und meine Beine drinnen. Ich verlor sofort das Gleichgewicht. Vergeblich versuchte ich, mit den Händen den rettenden Fensterrahmen zu erwischen. Unter mir lagen vier Stockwerke und ich realisierte in Zeitlupe, dass ich keinen Halt fand und den Sturz nicht würde aufhalten können. Ich fühlte in mir das blanke Entsetzen, registrierte noch die schockierten Gesichter meiner Familie – und dann schien die Zeit stillzustehen. Ich nahm nichts mehr wirklich wahr, sondern sah nur noch meine Tochter vor meinem inneren Auge. Ich spürte, wie es ihr das Herz zerreißen würde, wenn sie die grausame Nachricht erhalten würde, dass ihre Mama aus dem vierten Stock eines Hotels gestürzt sei. Vor meinem geistigen Auge sah ich mich tot auf der Straße liegen.

Unglaublich, was wir Menschen in einer Notlage binnen Sekunden alles denken und innerlich verarbeiten können. In solchen Momenten befinden wir uns außerhalb der Zeit. In unserer zivilisierten Gesellschaft messen wir solchen Momenten kaum Realität bei. Oftmals tun wir solch eine Erfahrung als Wahrnehmungstäuschung ab, doch existiert dieser Zustand sehr real und in ihm kann sich alles entscheiden. Befinden wir uns außerhalb der Zeit, haben wir selbst keinen wirklichen Einfluss auf unser Fühlen und Denken, es tritt unsere pure Ehrlichkeit zutage. Doch können wir die Erkenntnis, was wirklich Wunder bewirkt, gut für unsere Alltagsausrichtung nutzen. Denn die Möglichkeit, außerhalb der Zeit zu sein, ist konstant in jedem Moment präsent. Wir bemerken sie nur nie, da wir auf eine andere Art der Wahrnehmung konditioniert sind. Ein entschleunigter Alltag, ein bewusstes Sein im jeweiligen Augenblick, ermöglicht es dir, das, was im Zustand außerhalb der Zeit geschieht, sehr bewusst wahrzunehmen und verantwortungsvoll zu beeinflussen.

Wie also ging es mit mir weiter? Ein unerträglicher Schmerz schoss aus meinem Herzen, der die geballte Ladung eines wortlosen Gebets in sich hatte. Ich wollte leben, für mein Kind! Für sie durfte mir nichts passieren! In diesem Moment spürte ich, wie mich zwei unsichtbare Hände an der Hüfte packten, mich mit einem kleinen Satz hochhoben und meinen Po auf die Fensterbank setzten. Es war ein Wunder!

In mir überstürzten sich die Gedanken und zugleich empfand ich eine tiefe Leere. Meine Familie sank erleichtert und ungläubig angesichts dessen, was sie gerade mit eigenen Augen gesehen hatten, auf den Fußboden. Da saßen wir dann, umarmten uns und heulten. An diesem Abend sind wir nirgendwo mehr hingegangen.

Ich bin mir sicher, dass die bedingungslose Liebe zu meinem Kind, der unbändige Wunsch, ihm das Leid zu ersparen, dieses Wunder aktiviert hat. Im Auge des Todes galt all meine Sorge und meine Liebe ausschließlich meiner Tochter. Ich hatte keine Angst, keinen Wunsch für mich selbst, sondern ich spürte ihren herzzerreißenden Schmerz und das hat die Selbstlosigkeit aktiviert. Selbstlosigkeit kann Berge versetzen. Tiefste Liebe und Selbstlosigkeit gleichzeitig zu empfinden, ist eine sehr wirksame Schöpfermacht. Häufig wünschen sich Eltern etwas für ihre Kinder oder wir haben anderweitig idealistische Wünsche für Tiere, Natur oder Bedürftige. In dem Moment, wo wir den Blick von der Notlage abziehen und uns selbstlos der Liebe hingeben, können sich Wunder ergeben.

Dein stummes Gebet

Frage dich: Was möchtest du für jemanden oder die Welt erbitten? Lass alle an der Oberfläche grassierenden Gedanken los und gib dich dem Schmerz des zu Verändernden hin. Fühle ihn, als wäre es dein eigener Schmerz. Bitte nicht um eine Lösung, geh nicht in den Widerstand mit dem Geschehen, sondern wohne dem entsetzlichen Schmerz einfach bei. Dieses selbstlose Mitfühlen kann augenblicklich Engel auf den Plan rufen, dir hilfreich zur Seite zu stehen.

Der heilige Raum ist die Fülle der Möglichkeiten. Nichts ist in diesem Raum unmöglich. Einzig unser begrenzter Glaube hält uns von der Verwirklichung eines Wunders ab. Wie du die großartigsten Sachen in dein Leben ziehst, zeigt dir meine nächste Erfahrung.

BRENNENDER IMPULS

An einem schönen Sommerabend saß ich auf meiner Terrasse, eingehüllt in eine Decke, mit einem Glas trockenem Rotwein und schrieb an meiner Kolumne für eine Zeitschrift. Ich liebte diese Abende, wenn aus mir die Zeilen herausflossen, ohne dass ich groß darüber nachdenken musste. Aus diesem Grund schrieb ich auch immer erst abends, da hatte ich meine Tages-To-dos erledigt, konnte alles loslassen und mich einfach meinen Inspirationen hingeben.

Plötzlich verspürte ich den brennenden Impuls, wie schön es wäre, vom Schreiben über Spiritualität und Bewusstsein leben zu können. Mein Verstand löschte dieses aufkeimende Feuer sofort, indem er mir sagte, dass die wenigsten Autoren von ihren Werken leben könnten und mein Geschreibsel nicht die Qualität solcher Ausnahmeerscheinungen hätte.

Ich wurde wütend. Was bildete sich dieser Quertreiber in meinem Kopf eigentlich ein? Ich bemühte mich, mein kurzes und jäh beendetes Glücksgefühl wieder aufzurufen. Ich kannte den heiligen Raum und wusste, wie ich ihn aktivieren musste. Ich schloss die Augen und begab mich in einen Zustand, der an Müdigkeit erinnert. Ich rief innere Bilder auf, wie ich den ganzen Tag entspannt und mit innerer Muße, mit unabgelenkter Kreativität an meinem Laptop sitzen und Texte verfassen würde.

Wieder schoss mir mein Verstand in die Quere und zeigte mir auf, dass dieser fromme Wunsch nicht zu realisieren sei, denn schließlich wäre mein Alltag mit Broterwerb gefüllt. Um davon leben zu können, müsste ich mich dem Schreiben voll und ganz verschreiben und das sei nun bei aller Liebe nicht zu verwirklichen. Damit hatte er mich! Ich überlegte hin und her und musste am Ende feststellen, dass er recht hatte. Allein die Zeit zu haben, mich auf Erkenntnisse, Recherche und innere Prozesse einzulassen, war in der nötigen Intensität nicht möglich.

Dieser Moment war sehr beeindruckend, denn ich spürte die Richtigkeit der Logik, doch ich wollte trotzdem Energie in meinen Wunsch investieren. Etwas in mir wollte glauben, dass es möglich sein muss. Vielleicht würde es sich nicht ganz so ergeben, wie ich es mir in meinen schönsten Träumen gerade vorstellte. Nun, vielleicht würde es sogar noch besser, wer weiß?

Ich ließ mich wieder auf meine inneren Bilder ein, beruhigte meinen Verstand und ließ allen Druck los. Es war erstaunlich, ich sah deutlich, wie ich in einem ganz neuen Zuhause in einem wunderschönen Garten sitze und schreibe. An manchen Tagen schrieb ich drinnen am Kamin. Mein damaliges Zuhause hatte keinen Kamin. Was waren das für Bilder? Ich hatte nicht vor, umzuziehen, und wenn, dann in eine kleinere Wohnung ohne Garten. Irgendetwas an dem neuen Haus erinnerte mich an mein Nachbarhaus. Es war mein absolutes Traumhaus, es wirkte auf mich immer wie eine Oase aus einer anderen Welt. Es hat einen Blick auf die hübsche kleine Gracht, der mir von meinem Haus aus versperrt war.

Ein paar Tage später klingelte die Traumhaus-Nachbarin bei mir, um ein Paket abzugeben. Trotz der Tatsache, dass wir nebeneinander wohnten, kannten wir uns kaum. Wir tauschten kurze Höflichkeitsfloskeln aus und dann hörte ich mich lachend sagen: »Solltest du irgendwann ausziehen, sag bitte Bescheid.« Sie lächelte vielsagend und meinte, das könne schon passieren.

Etwas Zeit ging ins Land und ich behielt meine inneren Bilder davon, vom Schreiben leben zu können, bei. Jedem, dem ich es erzählen konnte, sagte ich, dass ich bald vom Schreiben leben können werde. Nicht, dass mir jemand das abgenommen hat, das war mir auch nicht wichtig. Ich wollte damit nur dem heiligen Raum ein klares Zeichen geben. Mit jedem Tag wuchs ich mehr in die Rolle der Autorin hinein. Nach und nach, ohne es bewusst zu merken, stellte ich meinen »Lebe glücklich«-Podcast in den Vordergrund. Ich baute mein Tagesgeschäft ab, reduzierte die Stunden und widmete mich der

Kunst, die Texte, die ich für meinen Podcast einsprach, vorzuskripten. Ich schrieb und schrieb. Der Podcast wurde zu einem, aus meiner persönlichen Sicht, großen Erfolg. Ich begann tatsächlich, vom Schreiben leben zu können. Anders als gedacht, aber immerhin war es ein ernst zu nehmender Anfang und noch viel schöner als in meiner Vorstellung.
Eines Tages bekam ich die Nachricht, dass das Haus nebenan frei wird. Mich empfing eine Liebe zum Detail und der Preis unterschied sich nicht wirklich von dem, was ich bisher für die Miete ausgab. Hier wohne ich nun und schreibe dieses Buch.

Wir sind, was wir denken. Alles, was wir sind,
entsteht aus unseren Gedanken.
Mit unseren Gedanken formen wir die Welt.
So sagt es Buddha.

Wisse, ein brennender Impuls ist selten Einbildung. Wenn du eine Inspiration erlebst, gehört sie zu dir! Vor allem wenn dich die Schwingung auch körperlich erfasst. Wir haben in diesem Buch ja schon davon gesprochen, dass unser Geist über Geistesblitze kommuniziert, unsere Seele über Gefühl und unser kosmischer Leib über körperliche Impulse. Es mag sich verrückt anhören, doch Ideen sind wie lebendige Wesen, die von deinem Geist gesendet werden. Gefühle und Intuitionen sind lebendige Wesen, die über deine Seele gesendet werden. Und Impulse sind lebendige Wesen, die von deinem kosmischen Leib gesendet werden. Wenn du einen brennenden Impuls verspürst, ist er die freudige Erregung des Lebens, die sich mit dir vereinen will. Diese Erregung ist eine Schwingungsfrequenz, die mit deinem Potenzial mitschwingt und danach strebt, deine individuelle Genialität mit der Kreativität zu vereinen. Lass dich darauf ein, denn es entstehen ganz häufig ungeahnte Glücksfälle, die dich auf eine nächste Stufe heben.

Vielleicht ist das nicht immer auf den ersten Blick erkennbar, doch auf längere Sicht kannst du sehen, wie sich etwas Gigantisches entwickelt. Du brauchst nur im Flow des Lebens, deiner Kreativität, deines positiven Selbstbildes und deiner elektrisierenden brennenden Impulse zu sein. Unerschütterlich deinen Fokus zu halten, nicht verbissen, jedoch ruhig wissend, dass das gewünschte Ergebnis durch dich geboren wird. Nimm dir die Zeit und sei aufmerksam: Was will Neues durch dich in die Welt kommen?

Die Neue Zeit ist schon da, sie möchte durch dich, durch uns in Erscheinung treten. Sie existiert innerhalb vieler möglicher Wahrscheinlichkeiten und du bestimmst, auf welche du ansprichst, mit welcher Wahrscheinlichkeit du in Resonanz gehst. Du kreierst erst einmal deine ganz eigene Blase der Neuen Zeit. Achte auf deine Impulse, deine Visionen, deine Gefühle, sie sind die Botschaften deines höheren Seins für deine Weiterentwicklung. Nähre daher alles, was dich positiv inspiriert. Diese Haltung ist die Verantwortung für die Neue Zeit.

TOOL ZWEI. ZWEITE AKTIVIERUNG: ERWACHE IN DIE NEUE WIRKLICHKEIT

Ab dem Zeitpunkt, wo wir beginnen, im Bewusstsein des heiligen Raumes zu leben, beginnen wir, in eine neue Wirklichkeit zu erwachen. Vorher waren wir in der Wirklichkeit der Begrenzungen zu Hause – und nun leben wir im Raum der unbegrenzten Möglichkeiten. Erinnern wir uns: Im heiligen Raum ist alles vorhanden, was wir uns wahrhaftig vorstellen können. Wir selbst sind der heilige Raum.

Dein heiliger Raum

Mach dir jeden Tag bewusst, dass du im Zentrum deines heiligen Raumes lebst. Beginne direkt morgens vor dem Aufstehen damit. Halte kurz deine Aufmerksamkeit in deinem Inneren versammelt und nimm wahr, wie du eingebettet bist in etwas Höheres, dir Zugehöriges. Spüre den Spirit, die Magie, die Energie, die dich umgibt und durchfließt. Gewöhn dir diese bewusste Begegnung mit deinem heiligen Raum an, am besten morgens direkt nach dem Wachwerden und abends kurz vor dem Zubettgehen. Mach es zu deinem persönlichen Ritual. Sobald du den Kontakt spürst, geh in die Dankbarkeit. Dankbarkeit für das, was schon in deinem Leben ist, und für dich selbst ist das schönste Geschenk, das du dem heiligen Raum machen kannst. Du wirst sehen, er wird dich ebenfalls reich beschenken.

Realisiere deine Wünsche

Wenn du etwas Bestimmtes erschaffen möchtest, versetz dich in einen ruhigen Zustand. Besonders gut sind die Zeitpunkte kurz vor dem Einschlafen oder auch, wenn du zu viel gegessen hast und dich etwas ausruhst. Dann ist deine Energie runtergefahren und steht deinen störenden Zweifeln nicht zur Verfügung. Rufe innere Bilder deines Wunschergebnisses auf. Geh in jedes Detail, das du dir ausmalen kannst. Halte dich nicht damit auf, wie es geschehen soll, sondern bleib einfach in dem, *dass* es längst erschaffen ist. Wie fühlst du dich? Wie fühlt sich das Erreichte an? Geh mit all deinen positiven Emotionen hinein.

Als ich das erste Mal gedanklich in dem schönen Garten saß und schrieb, musste ich vor Glück weinen, so intensiv konnte ich es fühlen. Was wirst du als Erstes tun, wenn dein Wunschzustand erreicht ist? Such dir etwas aus, was du umgehend tun wirst, wenn du dein Ziel erreicht hast. Fühle dich in diesen Augenblick hinein, als würdest du es real erleben. Dehn diesen Moment so lange aus, wie es dir möglich ist.

Ruf diese Bilder und Gefühle, die du wahrnimmst, immer wieder ab, am besten mehrmals täglich. Lass keinen Zweifel zu, sondern finde dich in die Rolle dessen ein, was du dir manifestierst. Werde jetzt schon zu dem Menschen, der du sein wirst, sobald du dein Ergebnis erreicht hast.

WEGE ZUR WUNSCHREALITÄT

Wie ich schon beschrieben habe, gibt es verschiedene Wege, eine gewünschte Realität zu erzeugen. Lass sie uns hier noch einmal im Hinblick auf die Lebenspraxis ansehen.

Eigenverantwortung, sich kümmern und Ordnung schaffen

Keine Vogel-Strauß-Politik bei Schieflagen im Leben, sondern aktiv die Ordnung wiederherstellen – das ist wesentlich. Die aufsteigenden inneren Prozesse dabei anschauen und heilen. Geduld und Kontinuität aufbringen, um die Unordnung aufzuräumen, und sich eigenverantwortlich um Notwendigkeiten kümmern. Um Hilfe zu bitten ist keine Schande.

Ordnung ist ein tiefes Grundprinzip des heiligen Raumes. Es empfiehlt sich generell, bewusst und achtsam Ordnung im Leben zu halten. Allein dadurch verbindest du dich mit deinem heiligen Raum und kannst die darauf folgenden Chancen ergreifen, mutig an ihnen wachsen und brauchst dich nicht beirren lassen.

Selbstbestimmtheit, Ausrichtung, Aufmerksamkeit

Sei konsequent ignorant all dem gegenüber, was du nicht erschaffen möchtest, was deine Kraft mindert oder Zweifel sät. Dazu gehören auch Gespräche, Nachrichten und Menschen, die dich runterziehen.

Überzeugung und unerschütterliches Vertrauen

Sobald du dich einer Situation ergeben hast, kannst du in die innere Ruhe der Gewissheit eintauchen, dass sich die Situation zum bestmöglichen Ergebnis wenden wird.

Macht, Wut, Befehle

Wut ist ein heiliges Geschenk. Wut und Zorn lassen uns über uns hinauswachsen. Unterdrückte Wut kann uns krank machen. Sie freizusetzen ist ein machtvolles Instrument, das zur Korrektur von Fehlern oder Krankheiten dient. Eingesetzte heilige Wut äußert sich als ein Befehl und sollte daher ausschließlich zum Guten, für Gerechtigkeit oder zum Schutz angewandt werden.

Woher aber wissen wir, was gut oder schlecht ist? Gut ist das, was keinem fühlenden Wesen Schaden zufügt. Schlecht ist das, was fühlenden Wesen Schaden zufügt. Wenn du dir deiner eigenen Schöpfermacht bewusst wirst, ermächtigt dich das dazu, Verwirklichungen zu befehlen.

Selbstlose, bedingungslose Liebe

Hier geht es darum, dem Schmerz oder der Not eines anderen mitfühlend, durchfühlend beizuwohnen. Das ist nicht mit dem herkömmlichen Mitgefühl zu vergleichen. Um die Bedingungslosigkeit zu erreichen, solltest du dich von deiner eigenen Befindlichkeit lösen und ausschließlich den Schmerz des anderen durchfühlen. Dies ist wie eine kostbare Opfergabe und löst Hilfe aus den geistigen Ebenen aus.

Brennender Impuls, Erregung, Freude und Mut
Nimm deine Inspirationen ernst. Achte auf deine Impulse und folge ihnen, auch wenn sie wider jede Logik zu sein scheinen.

Den heiligen Raum dankbar bewohnen

Genieße die tägliche Routine, im Zentrum des heiligen Raumes zu leben, ohne ständig etwas kreieren zu wollen. Da sich alles manifestiert, was wir in uns tragen, können wir dieses Tool auch wunderbar zur Selbsterkenntnis und für unser Wachstum nutzen. Schau dich in deinem Leben um: Was manifestiert sich gerade? Werde zu dem Menschen, der du sein möchtest. Erhöhe über die Dankbarkeit konsequent dein Energielevel.

Ein neues Leben

Schritt drei:

Der fokussierte Pionier erwacht

DU WÄCHST ÜBER DICH HINAUS

Wenn du hier angelangt bist und Tool eins und zwei gut verinnerlicht hast, sollte es sich mittlerweile so anfühlen, als hättest du ein neues Leben. Immer öfter kannst du die Fülle der Möglichkeiten spüren und wirst wahrscheinlich selbst kaum noch jammern, lästern oder dich beschweren. Du nutzt auch kaum noch Ausreden, stimmt's? Du spürst längst, dass sich niedrig Schwingendes in Gedanken und Emotionen zerstörerisch auswirkt – Gier, Machtbesessenheit, Hass, Frust, Neid, Lüge, üble Nachrede, Bosheit, Niedertracht, Angst, Ohnmacht, Gleichgültigkeit und so weiter. Sie können einen Menschen körperlich zugrunde richten und sein ganzes Dasein ruinieren. Dir ist das bewusst.
Nun beginnen ganz neue Aufgaben für dich im Bewusstsein Next Level. Sicherlich nimmst du wahr, dass ein Teil deines Umfeldes noch im begrenzten und niederschwingenden Bewusstsein feststeckt. Vielleicht warst du in letzter Zeit bemüht, andere in Gesprächen mit positiver Bewusstheit zu inspirieren. Du wolltest anderen helfen, sich selbst auch zu entwickeln. Doch so sehr du dein Wissen teilen möchtest, es ist möglich, dass dies nicht bei jedem gelingt. Wie gehen wir damit um? Sortieren wir den gesamten Freundeskreis und die Familie durch? Was ist mit den Kolleginnen, dem Chef, den Nachbarn?
Ab jetzt weht ein anderer Wind für dich und dafür brauchst du ein tapferes Herz. Wir heben deinen Mut, deine Klarheit und deine Unabhängigkeit aus der Tiefe. Wir bergen dein Licht aus der Dunkelheit. Dieses Kapitel macht dich zum Pionier, zur Pionierin. Ein Pionier ist jemand, der auf einem bestimmten Gebiet vorangeht und etwas Bahnbrechendes bewirkt. Pioniere sind Vorreiter und Wegbereiter, denn sie halten konsequent den Fokus!
Ich persönlich bin der festen Überzeugung, dass all diejenigen, die sich auf den Weg in das Bewusstsein Next Level machen, schon Pioniere sind, die in ihre große Aufgabe für die Menschheit hineinerweckt werden. Besonders für den Übergang der Menschen in die Neue

Zeit sind überdurchschnittlich viele Pioniere auf der Erde inkarniert und es kommen immer mehr dazu. Wir tragen den Mut in uns, durch das Chaos, das eine Wandlung mit sich bringt, hindurchzunavigieren. Dafür löst sich der Pionier aus der inneren Zerstreuung, er lernt, in jeder Situation bei sich zu bleiben und den Fokus zu halten.

STIRB UND WERDE

Einer evolutionären Neuausrichtung geht immer das Aussterben des Bisherigen voran. Das, was sich nun entwickelt, ist ein neues Bewusstsein. Dafür wird unser bisheriges Bewusstsein aussterben. So, wie es immer schon Artensterben gab, stirbt nun das ausgediente Bewusstsein, das auf Trennung und Begrenzung ausgerichtet war, aus.

Pioniere gehen voran. Sie haben mutig eine besondere Lebensaufgabe gewählt, die in vergangenen Zeiten häufig von Einzelnen allein angegangen wurde. In der aktuellen Zeit schließen sich viele Pioniere zusammen, um für die höhere Wahrheit zu kooperieren. Sie nutzen fokussiert ihre Geist-Seele-Gedanken, haben Zugang zum heiligen Raum und wissen, dass die Begrenzungen, an die wir als Person glauben, nicht wahr sind. Ihnen ist bewusst, dass Trennungsbewusstsein Gier hervorbringt, dass all die Selbstzweifel und Ängste ein Weltgeschehen kreieren, das wir als Menschheit nicht länger leben wollen.

Sobald ein Pionier über den heiligen Raum erwacht, ist es, als ob damit ein Schleier weggezogen wird. Es stellt sich ein klares Sehen und Verständnis für die Zusammenhänge ein. Es wächst eine starke psychische Kraft in ihm und verdrängt vorherige Unsicherheiten. Die Fähigkeit, sich fokussiert selbst zu führen, ist beständig präsent und lässt selten Raum für Zweifel. Ein Pionier hält es aus, dass andere von seiner Konsequenz irritiert sind und er vielleicht sogar als Spinner oder Träumer bezeichnet wird. Er hält es aus, Spott zu ernten oder angegriffen zu werden.

Er traut sich zu, anders zu sein, um das hohe Bewusstsein auf der Erde zu etablieren.

Ein Pionier bildet ein tapferes Herz aus, um klare und unkonventionelle Entscheidungen zu treffen und diese auch von anderen zu fordern. Du wirst dich nicht mehr aufhalten lassen wollen, weder von deiner Neigung zur Rücksichtnahme noch von deinem Verständnis für andere. Sobald du das Prinzip des heiligen Raumes in dir verinnerlicht hast, weißt du: Du kannst es dir nicht länger leisten, dich von denen aufhalten zu lassen, die noch ein Welt- und Selbstbild in sich tragen, das deinem widerspricht. Du bist zum Wahrheitsergründer, zum unerschütterlichen Wahrheitswegweiser geworden.
Damit setzt du hohe Maßstäbe und wirst bei vielen auf Unverständnis treffen. Das kann schmerzen, das kann Verzicht fordern, doch du wirst deinen Weg weitergehen. Du wirst diesen Schmerz in dir aufnehmen und ihn in eine Power verwandeln, die dein tapferes Herz immer weiter ausbildet. Jetzt geht es nicht mehr nur um dich und deine persönlichen Wünsche. Ist der Pionier in dir erwacht, bist du ein Vorbild. Du bist ein Leuchtturm. Du beginnst, den Weg für Frieden, eine höhere Ordnung, Kreativität und Freiheit fürs Kollektiv zu kreieren.
Ich erinnere mich gut an die Zeit, als die Pionierin in mir erwachte. Ich habe alle Informationskanäle zum aktuellen Weltgeschehen aussortiert und mich ausschließlich auf die Wahrnehmung von Frieden, Harmonie und Freiheit fokussiert. Ich erlaube meiner eigenen Neugierde seither nicht mehr, sich mit Dingen zu befassen, die nicht friedvoll sind, weder gesellschaftspolitisch noch im Privaten. Das ist mir zu Anfang nicht immer gelungen und ich merkte, wie ich bei jeder an mich herangelassenen Unbewusstheit energetisch in den Keller sauste. Sofort stiegen Ängste in mir auf und emotional geladene Vorstellungen, die nicht dienlich waren. Das tägliche Beobachten meiner eigenen Empfindungen hat mir geholfen, wahrzunehmen, womit ich mich beschäftige.

Immer wieder stellten sich Zweifel ein, ob ich mich nicht darin irren würde, dass ich auf meine Weise auch Einfluss auf das Weltgeschehen nehmen könnte. Im persönlichen Bereich hab ich Wunder erlebt, doch klappt das auch fürs Kollektiv? Was ist mit den Menschen, die noch angstvoll sind, manifestieren die nicht auch? Und sind sie nicht in der Überzahl? Ich begab mich bewusst in meinen heiligen Raum, um Antworten zu bekommen. Doch bevor ich dir davon erzählen möchte, lade ich dich ein, selbst in deinem heiligen Raum Antworten zu finden.

Den heiligen Raum befragen

Komm in eine innere Haltung des Friedens und verbinde dich dann mit deinem heiligen Raum. Erzeuge nun eine helle freie Fläche vor deinem geistigen Auge. Stell dann ganz in Ruhe deine Frage. Am besten, du denkst gar nicht darüber nach, wie du deine Frage richtig formulierst, sonst hältst du durch deine Unsicherheit nur den Verkehr auf. In der Regel ist die Antwort noch vor der Ausformulierung deiner Frage da. Das geht so schnell, dass dein Verstand sie kaum mitbekommt. Die Antworten können über ein plötzliches Wissen in dir auftreten, über Bilder oder Gefühle. Finde deine Art des Erkennens heraus und lass dich führen.

Wichtig ist dabei: Antworten aus dem heiligen Raum sind immer wohlwollend und erzeugen keine Angst. Sollte sich ein Angstgefühl einmischen, steig wieder aus und komm erst mal wieder bei dir und in deinem Frieden an. Dann starte neu. Wahrscheinlich hat sich einfach eine Angst aus deinem Unterbewusstsein eingemischt und dir einen Streich gespielt. Angst vor unlichten Einflüssen brauchst du nicht zu haben, da der heilige Raum für sich genommen schon ein Schutzraum ist, in den sich nichts Niederes, außer aus deinem eigenen Inneren, einklinken kann.

Ich fragte also, ob ich überhaupt einen Einfluss auf das Ganze nehmen könnte, wenn doch andere so viel Niederes manifestieren. Die Antworten waren sehr beeindruckend: Allein der Glaube, es gäbe »die anderen«, würde die Frage schon in Luft auflösen. Letztendlich sei nichts von dem, was im sogenannten Außen wahrgenommen wird, getrennt von mir existent. Ja, das hatte ich schon mehrfach gehört und gefühlt auch verstanden, doch irgendwie kommen mir »die anderen« ja dennoch sehr selbstständig und selbstexistierend vor.

Mein heiliger Raum zeigte mir, dass meine Betrachtung aus der irdischen Ebene heraus verständlich sei. Doch immer, wenn ich fokussiert im Zentrum des heiligen Raumes lebe oder erschaffe, wechsle ich in eine höhere Frequenz, die der rein irdischen überstellt ist. Geht es um das Erschaffen, müssen wir die irdische Betrachtungsebene verlassen. Auf ihr können wir ausschließlich das Entstandene oder das Gewordene erkennen – also die Vergangenheit. Die Ebene des heiligen Raumes ist die der Feinstofflichkeit, die Ebene des noch Werdenden – also der Zukunft.

Menschen, die in ihrer irdischen Angst und Unbewusstheit verhaftet sind, haben sehr wenig Energie und somit eine schwächere Wirkmacht als diejenigen, die aus der Kraft des fokussierten Bewusstseins aktiv Einfluss auf eine Entwicklung nehmen. Die bewusst fokussierte Präsenz im heiligen Raum bewirkt eine Potenzierung der Wirkmacht um ein Vielfaches. Allein das Wissen, immer im Zentrum des heiligen Raumes zu leben und den menschlichen Fokus auf die Balance im Zentrum ausgerichtet zu haben, bündelt sich zur Schöpferkraft.

Wir sind jedoch seit Generationen so geprägt, dass wir es uns nicht erlauben, diese Macht vollends fokussiert einzunehmen. Unsere gesellschaftlichen, religiösen und spirituellen Lehren haben diese Macht unterdrückt. Daher brauchen wir jetzt Pioniere, die sich ihre Macht vollends erlauben und mit tapferem Herzen die Balance des Friedens, der Freiheit und der höheren Ordnung manifestieren. Nicht die rund acht Milliarden angstvollen Menschen seien das Problem, auch nicht die

Politiker oder sonstigen Entscheider. Sondern dass sich einige Machthungrige ihre Macht erlauben und die Vielen erlauben sie sich nicht. In Wahrheit sind wir Vielen so sehr in der Überzahl, dass wir sofort das Blatt wenden können. Wir müssen nur unser tapferes Herz stärken, indem wir es zweifelsfrei, mutig und fokussiert immer wieder einsetzen.
Der Wandel im Weltgeschehen ist genauso zu betrachten wie der Wandel des Bewusstseins. Er wird von der wachsenden Zahl an Individuen hervorgebracht, welche die Entscheidung treffen, diesen Weg zu gehen. Jede und jeder Einzelne zählt!

Wenn sich nur ein wirkmächtiger Schöpfer
konsequent und unbeirrbar auf
wahren Frieden ausrichtet,
könnte sich kein Volk dieser Erde
diesem Befehl auf Dauer widersetzen.

Ich weiß noch, wie ich mir zum ersten Mal ein Herz gefasst habe und darüber in meinem Podcast sprach. Ich habe so viele Angriffe geerntet wie in keiner anderen Folge zuvor. Unzählige Zuschriften überfluteten mein Postfach, ich würde die Augen vor der Realität verschließen und Schlimmeres. Das mag aus persönlicher Sicht – oder besser aus der Sicht des bisherigen Bewusstseins – so stimmen. Aber es stimmt nicht aus der Sicht von Bewusstsein Next Level.
Ich lasse solche Zuschriften unkommentiert. Sobald ich mich rechtfertige oder erkläre, bin ich geschwächt. Ich bin dann nicht in meiner machtvollen Ausrichtung und nicht in meinem tapferen Herzen. Erinnern wir uns: Pioniere gehen fokussiert voran. Sie sind die Leuchttürme, die einen Weg weisen. Wann und ob ihn jemand anderes gehen möchte, obliegt jedem Einzelnen selbst. Wir können mit unserem Vorangehen nicht warten, bis andere unsere Beweggründe verstehen oder als korrekt bewerten. Es braucht erwachte Pioniere, um den

schmalen kosmischen Korridor zwischen Licht und Dunkel, zwischen dem Neuen und dem bisherigen Bewusstsein, zu durchschreiten. Als diese Pioniere etablieren wir das Neue.

VON SINN ERFÜLLT UND MACHTVOLL

Ein Pionier ist zutiefst davon erfüllt, dem Ruf der Wahrheit Ausdruck zu verleihen. Er trägt ein Bild, eine Suche, eine Neugierde oder ein Empfinden als inneren Antreiber in sich. Dies ermöglicht es ihm, einen Sinn in seinem Vorangehen zu spüren. Und dieser Sinn verleiht ihm die Kraft, mutig neue Wege zu beschreiten und sich unerschütterlich für sein Ziel einzusetzen. Er ist mit seiner Wahrnehmung voll und ganz auf sein höheres Ziel ausgerichtet. Dieses Ziel erfasst den Pionier in seiner Ganzheit, er ist davon beseelt. Es ist zu einer harmonischen und kraftvollen Schwingung seines Selbst geworden.

Als Pionier brauchst du dein Ziel nicht zu suchen, es findet dich. Du wirst auch nicht über Richtig und Falsch entscheiden müssen, es nimmt von dir Besitz. Es muss sich auch nicht so anfühlen, als ob du es verstehst oder als ob es für die Menschheit etwas Großartiges darstellt. Es können unterschiedliche Bausteine sein, die dir den Weg weisen. Du brauchst weder missionieren noch erklären. Wenn du zum Pionier erwachst, wirst du von deinem Sein zu immer neuen Aufgaben und Inspirationen geleitet. Du wirst dich in deinem Alltag in einem inspirierten Zustand erleben, der dich und deine Lebensumstände zu dem Ergebnis deines Selbst macht. Das ist gemeint, wenn es heißt »Sei die Veränderung, die du suchst« oder »Du musst zu dem werden, was du dir wünschst«. Oder auch »Fühle dich in den längst glückten Zustand deines Wunsches hinein, lebe, als sei dein Wunsch schon erfüllt«.

Diese Aussagen werden ohne den beseelten Pioniergeist oftmals nicht in ihrer Größe interpretiert. Wenn wir zum Beispiel Frieden, Freiheit und ein hohes Bewusstsein auf unserem Planeten verwirklichen wollen, müssen wir das unerschütterlich repräsentieren. Es muss für uns eine unumstößliche Tatsache sein, ein Fakt, auf den wir uns konsequent ausrichten. Es muss zu unserer Passion, zu unserer Bestimmung werden. Nicht, weil wir es erschaffen wollen, sondern weil es schon ist! Das beinhaltet auch, dass wir wütend werden, wenn sich uns jemand in unseren geheiligten Weg stellt. Dass wir nicht auf Ego-Spiele einsteigen und nicht alles verständnisvoll weglächeln.

Wir werden einander nicht länger schwanzwedelnd unbewusst scheinheilig begegnen, sondern echt und klar.

WERDE ZU FRIEDEN, FREIHEIT UND HOHEM BEWUSSTSEIN!

Als ich zum ersten Mal davon erfuhr, dass Wut eine heilige Emotion ist, war ich überrascht. Ich selbst hatte ein Licht-und-Liebe-Verständnis verinnerlicht, das allem und jedem verzeihen muss und die Fehler bei sich selbst sucht. Immer stellte ich mir die Frage, was die Situation mit mir zu tun hat. Das halte ich nach wie vor für richtig, jedoch darf es sich im Sinne der Ganzheit um das Element Wut erweitern.
Ich erfuhr vom heiligen Zorn, der rechtschaffen ist und bei Ungerechtigkeiten eingesetzt wird. Seit die Pionierin in mir erwacht ist, mache ich bewusst Bekanntschaft mit meiner heiligen Wut. Ich spürte manchmal eine so unbändige Hilflosigkeit über die Ungerechtigkeiten in unserer Gesellschaft, dass ich es kaum aushielt. Da war der Gedanke, ohnmächtig dem Treiben der niederträchtigen Unbewusstheit auf unserer Erde ausgeliefert zu sein. All das Leid, der Hunger, die Unterdrückung, die Kriege und Ausbeutung zu sehen, die durch das Ego hervorgebracht werden, raubte mir fast den Atem. Es löste eine

unglaubliche Ohnmacht in mir aus, zu bemerken, dass die gesamte Menschheit, die letzten Endes Frieden und Wohlstand für alle will, in eine solche Machtfantasie hineingezogen wird.

Als ich im heiligen Raum nach Antworten auf diese Ohnmacht suchte, erlebte ich ihn wie noch nie zuvor. »Wo ist euer heiliger Zorn, wo ist eure heilige Wut, Linda?«, donnerte es mir entgegen. Ich war erschrocken! Wo waren die Licht-und-Liebe-Antworten hin? Der heilige Raum sagte: »Euer Verständnis des spirituellen Erwachens ist unvollständig. Spiritualität ist kein Schönheitswettbewerb und keine spirituelle Nabelschau. Dass ihr euch Sorgen macht, ist absurd, doch dass ihr angesichts der unvollständigen Wahrheit auf eurem Planeten nicht in heiligen Zorn verfallt, ist noch absurder! Es ist eure Verantwortung, dass ihr euch auf die Suche nach der Vollständigkeit begebt. Stattdessen jammert ihr über Lügen und Falschheit. Hört auf, die Verantwortung abzugeben, und steht für die Wahrheit ein.«

Wir hatten eine lange Unterhaltung, der heilige Raum und ich. Mir wurde etwas bewusst, was ich lange verdrängt hatte. Ich hatte nicht den Mut, fokussiert zu leben, denn das würde beinhalten, Verantwortung für meine Wut zu übernehmen. Doch an diesem Tag zog es mir den Schleier von den Augen weg. Die Menschheit ist schon viel zu lange auf Schuldbewusstsein, Abhängigkeiten und Angst konditioniert. Bis in die Erziehungsmethoden der Familien hinein wurde durchgesetzt, dass Wut zu den schlechten Gefühlen gehört. Wut ist nicht erlaubt und wird mit Liebesentzug oder anderweitig bestraft. Jetzt lehrte mich der heilige Raum, dass es verschiedene Arten von Wut gibt und sie nicht grundsätzlich schlecht ist.

Sobald Wut vom Sinn für Gerechtigkeit getrieben und frei davon ist, andere fühlende Wesen zu übervorteilen, ist sie eine Reibung erzeugende heilige Kraft der Fokussierung, die einen Ausgleich bewirkt. Diese heilige Wut schenkt uns den Mut, den wir als Pioniere für unser tapferes Herz benötigen. Die heilige Wut ist wie der Sprit in einem Fahrzeug. Sie ist das Feuer, das in unserem tapferen Herzen brennt.

Als Pionier erlebst du dein Leben nicht mehr als Selbstoptimierungskurs, du wirst nicht mehr alles daransetzen, deine Handlungsweisen zu verbessern. Als Pionier bekennst du dich zu dem, wofür du brennst. Du bekennst dich zu deiner Mission, für die du vielleicht noch keine wirklichen Vorbilder hast. Du fühlst dich gerufen, einen Weg zu gehen, der dich ab und an schleudern, der dich herausfordern und dich verunsichern kann. Du vernimmst eine Stimme in dir, der du dich nicht entziehen kannst und die dich manchmal auf waghalsig erscheinende Wege außerhalb deiner Komfortzone schickt. Du wirst immer mehr zur leuchtenden, motivierenden und heilsamen Präsenz in dieser Welt.

DAS NEUE SELBSTBILD DES MENSCHEN

Erinnern wir uns bei allem, was wir hier besprechen, an das große Ziel der Evolution: der Mensch mit einem erweiterten Bewusstsein. Dieses Bewusstsein bringt eine globale Lebenskultur hervor, in der alle Wesen des Planeten frei sind. In der jeder seine individuelle Inkarnationsschönheit zum höchsten Wohle des Kollektivwesens beiträgt. Wir werden ein höheres Selbstbild in uns tragen. Ein Selbstbild, das auf unsere Schönheit und Großartigkeit ausgerichtet ist. Wir brauchen keine Aufwertung mehr durch einen uns hinzugefügten Status. Als neue Menschen werden wir unseren Sinn darin erkennen, Verantwortung für den Planeten und seine Schöpfungen zu übernehmen. Frei von eingrenzenden Regeln, aus der Ordnung einer tiefen Verbundenheit heraus.

Fragst du dich, wann es endlich so weit sein wird?
Du kannst sofort loslegen mit dem neuen Menschsein.
Wende konsequent die Tools aus diesem Buch an.
Werde in aller fokussierten Pionierkraft zu dem,
was du werden und erleben willst.

Unser Selbstbild schon jetzt zu verändern, ist wahre Pionierarbeit. Uns als das zu sehen, was wir wirklich sind, jenseits der angelesenen und nachgebeteten New-Age-Spiritualität. Wir werden aus tiefstem Herzen empfundene göttliche Schöpferwesen, die mit der Macht ausgestattet sind, den Planeten und seine Bewohner verantwortungsvoll in die Neue Zeit zu führen.

DAS BIN NICHT ICH!

Als ich das tapfere Herz in mir aktiviert hatte, spürte ich anfangs, dass es nicht so leicht ist, damit zu leben. Das tapfere Herz kann niemanden nach Richtig und Falsch fragen. Entscheidungen zu treffen, ohne sich an jemandem zu orientieren und ohne zu wissen, welche Konsequenzen die Entscheidung mit sich bringt, fand ich extrem schwierig. Es rief sofort meinen inneren Zweifler auf den Plan. Immer wieder spürte ich Zweifel, Selbstkritik und Angst, die mich davor warnte, mich selbst zu überschätzen. Jede abwertende Kritik von außen fiel sofort auf einen inneren Nährboden und begann dort zu sprießen. Manchmal beschäftige mich Kritik, die mir gegenüber geäußert wurde, tagelang und wurde durch meinen inneren Zweifler ordentlich befeuert.

> Das tapfere Herz macht dich unbestechlich und verantwortungsvoll. Für den Zweifler in dir ist das nicht leicht.

Eines Tages erwischte ich mich wieder einmal dabei, wie meine innere Stimme auf eine höchst unangenehme Weise mit mir sprach. Sie ließ kein gutes Haar an mir. Geschockt hielt ich inne, unterbrach alles, was ich gerade tat, und hörte mir bewusst zu. Wer war diese Stimme in meinem Kopf? Bisher dachte ich immer, das seien meine eigenen Gedanken. Doch stimmte das? Wer war dieses Ich, das sich erdreistete, so mit mir zu sprechen? Das war nicht ich, das war mein Zweifler – und er schien ein Eigenleben zu führen.

Als ich ihn als unabhängig von mir identifiziert hatte, war er sofort still. Ich hatte ihn enttarnt. Ab diesem Moment begann ich, ihn nicht mehr als Ich anzusehen, ihn nicht mehr als »meine Selbstkritik« zu definieren und die Gründe für diese Stimme nicht mehr in meiner Vergangenheit zu suchen. Dieser Zweifler ist eine eigene Instanz, die durch die fokussierte Pionierin in mir sehr verunsichert wird. Er spricht, er hat Selbstzweifel, er hat Angst, er ist irritiert, er stemmt sich mit Händen und Füßen gegen die Schöpfermacht und gegen meine Größe. Das bin nicht ich, das ist er.

Ich begann damit, Liebe und Verständnis für ihn zu spüren, und konnte ihn dadurch annehmen. Der Zweifler ist ein Wesen, das es nicht gewohnt ist, wenn wir zu Pionieren werden. Es ist schwer für ihn, wenn wir ohne Absicherung in diese schwindelerregenden Höhen klettern. Ich beschloss, mir Zeit zu nehmen, wenn er sich meldet. Mich mit ihm und seinen Einwänden zu befassen, wie mit einem kleinen verängstigten Kind. Ich gebe ihm seither Halt, indem ich ihm vermittle, dass ich die Verantwortung für die Entscheidungen trage und nicht er. Ich verstehe, dass mein Zweifler meine verständnisvolle Liebe und auch meine starke Führung braucht, um sich wohlzufühlen. Auf diese Weise hat er mir das Geschenk der Sanftheit und der Geduld gemacht.

Es ist gut möglich, dass deine Veränderung auch deinen Zweifler auf den Plan ruft. Wie dieser Zweifler benannt wird, woher er kommt, warum er da ist, das lasse ich hier ganz bewusst weg. Diese Fragen sind für dich als Pionier nicht wirklich relevant. Schenk deinem Zweifler deine Liebe, übernimm die Verantwortung und schreite voran. Der Zweifler schenkt dir das knallharte Training, dich immer wieder fokussiert auszurichten. Hab Verständnis, sei geduldig, doch halte dich nicht mit Ergründen und Analysieren auf. Pioniere sind, ähnlich wie der Geist, an Effizienz orientiert. Sie tragen die Liebe der Seele in sich und verbinden sie mit der Lebendigkeit. Konditionierungen, die seit jeher von Generation zu Generation weitergegeben wurden, werden sicherlich nicht durch einen Aha-Moment verändert. Auch ich muss weiterhin sehr wachsam, liebevoll und verständnisvoll mit mir sein, will ich die Oberhand über meinen Zweifler behalten. Doch möchte ich dir Mut zusprechen: Wie jedes konsequent durchgeführte Training führt auch hier deine kontinuierliche Fokussiertheit zum Erfolg.

TOOL DREI. DRITTE AKTIVIERUNG: DAS TAPFERE HERZ

Dieses Tool fordert dich auf, deinen eigenen Weg zu finden, um dein tapferes Herz zu aktivieren. Die folgenden Anregungen sollen dir als Orientierung dienen. Die eigentliche Aktivierung geschieht über das konsequente Beobachten deines Inneren, über das konsequente Ausschalten dessen, was andere denken könnten, und die unerschütterliche Entscheidung, unaufhaltsam deinen Weg zu gehen. Den Zweifler in dir kannst du in dein Herz nehmen, um ihm dort die Geborgenheit zu schenken, die er braucht, damit er sich dir und deinen Entscheidungen vertrauensvoll hingeben kann.

Beobachte dich

- Wo macht dich deine heilige Wut auf Ungerechtigkeiten aufmerksam?
- Wo ruft dich deine heilige Wut auf, neue Wege zu gehen?
- Welche Themen möchte deine heilige Wut in Balance bringen?

- Wofür erwacht dein Pioniergeist? Wofür möchtest du dich einsetzen? Was ist dein Beitrag für diese Welt?
- Wo lässt du dich noch zerstreuen? Wo kannst du noch besser deinen Fokus halten?

Die wenigstens von uns sind mit einem Helden-Selbstbild aufgewachsen. Außerdem haben wir falsche Vorstellungen von Helden. Mach dich von all dem frei und schreib deine eigene Geschichte! Das meiste von dem, was uns beigebracht wurde, diente dem Zweck, dass wir leistungs- und konsumierfähige Mitglieder der Gesellschaft werden. All das, was wir aufgrund dessen als Selbstbild und Orientierung angenommen haben, entspricht nicht unserem wahren Sein. Es führt nur dazu, dass du dich im Rausch von Karriere und Status verfängst oder im von Existenzangst angetriebenen Hamsterrad verlierst. Voller Angst und Minderwertigkeitsgefühle. Wahre Erfüllung erreichen wir über ein sinnvolles Leben voller Mut, Inspiration, Kreativität, Verbundenheit und Freiheit. Ein Leben, in dem wir einen Beitrag leisten. Daraus entstehen mitfühlende Heldinnen und tapfere Pioniere.

Schau dir deine Ängste an

Was würdest du gern tun, traust dich aber nicht?
Wovon träumst du? Wie soll die Welt in Zukunft aussehen?
Was hält dich davon ab, die ersten Schritte zu setzen?
Schau dir deine Antworten darauf an. Entlarve Ausreden.
Entlarve dein falsches Selbstbild. Erkenne deinen Zweifler.
Beginne, mit dir selbst und deinem Zweifler in Fürsorge und Verständnis, jedoch konsequent und beharrlich zu arbeiten.

Du kannst so weit in die Wahrheit deines Seins vordringen, bis du deine Leidenschaft, deine brennende Schöpfermacht spürst. Dann erlaube dir, mutig zu dir und deinem Sein zu stehen. Erlaube dir, Fehler zu machen, erlaube dir, Dinge auszuprobieren. Und schau nicht darauf, was andere denken und urteilen, bleib fokussiert.
Was dich sehr gut unterstützen kann, vollends den Pionier in dir zu erwecken, ist kaltes Duschen oder regelmäßiges Schwimmen in kaltem Wasser. Dabei lernst du, dich zu überwinden, und dein Körper schüttet jede Menge Glückshormone aus. Das kalte Wasser regt die Durchblutung an, weckt den Körper und den Geist und macht dich hellwach. Ich selbst steige sogar im Winter draußen ins Wasser und trainiere damit in erster Linie meinen Geist. Die Überwindung macht mich stark, das ruhige Atmen und das Aushalten der Kälte trainiert mein Bewusstsein. Gleichzeitig werden meine Abwehrkräfte mobilisiert und die Durchblutung meiner Haut. Ein echtes Pioniertool.

Hab Geduld, hab Verständnis
und sei in Liebe mit dir.
Du wirst spüren, wie die Geduld,
das Verständnis und die Liebe
dich umarmen.

So **retten** wir die **Welt**

Schritt vier:

Der Gegner wird zum Lehrer

RADIKALE SELBSTAKZEPTANZ

Auf unserem wahrhaftigen Weg in das Neue Bewusstsein begegnen wir vielen Situationen oder Menschen, die sich uns als Gegner in den Weg stellen. Je klarer wir uns unserer Bedürfnisse und Abneigungen bewusst werden, je authentischer wir dem Leben begegnen, umso stärker sind wir gefordert, radikale Selbstakzeptanz zu praktizieren. Dieser Schritt ist ein gigantischer Gamechanger für unseren Bewusstseinswandel: uns selbst so zu akzeptieren, wie wir sind, mit all unseren Stärken und Schwächen, unseren unheiligen Gedankenwindungen, unserer Scham, unseren Befürchtungen, unseren Stimmungsschwankungen, unserem Aussehen und unserem Verhalten. Die sogenannten guten Seiten an uns zu lieben und zu akzeptieren, ist keine große Kunst, stimmt's? Doch wie sieht es mit unseren Schwächen aus? Viele von uns sind sehr kritisch mit sich selbst und tun sich schwer damit, sich so anzunehmen oder gar zu lieben, wie sie sind.

Radikale Selbstakzeptanz ist eine innere Haltung, die sofort Frieden und tiefe Erfüllung in unserem Sein auslöst. Als ich diesen Weg begann, bemerkte ich, wie Kreativität, Freude und Selbstliebe in mir freigesetzt wurden. Nicht mehr einem bestimmten inneren Bild entsprechen zu müssen und mich durch mein angeblich unperfektes Sein nicht mehr zu begrenzen, schenkte mir Mut und eine nie gekannte Freiheit.

Lass mich kurz darauf eingehen, warum ich die radikale Selbstakzeptanz für elementar halte. An diesem Punkt unseres Wandels beginnen wir, aktiv unser Leben zu verändern. Der Pionier in uns ist wach und will gelebt werden, wir wachsen förmlich über uns hinaus. Ab jetzt werden wir uns immer mehr zeigen, wir beginnen, das Leben herauszufordern. Unsere Träume werden größer. Ihre Realisierung machtvoller. Wir entwickeln uns beständig aus unserer eigenen Komfortzone heraus, jeder ganz authentisch in seinem eigenen Bereich.

Die Krux ist: Außerhalb unserer Komfortzone kennen wir uns noch nicht aus, wir bewegen uns noch nicht wirklich sicher in dieser neuen

Umgebung. Wir laufen Gefahr, Fehler zu machen, uns zu blamieren und anzuecken. Da all dies nicht mehr im stillen Kämmerlein passiert, sondern viel sichtbarer als zuvor, ist dieses Level nur in radikaler Selbstakzeptanz zu meistern.

KOMPROMISSLOS ICH

Als ich begann, mich selbst voll und ganz zu leben und mich zu zeigen, wie ich bin, änderte ich viele meiner Verhaltensweisen. Ich war nicht mehr gewillt, mich zu verbiegen, um anderen zu gefallen oder ihren Erwartungen zu entsprechen. Ich war auch nicht mehr gewillt, Ausreden zu verwenden, sondern lernte, mich ehrlich und klar zu äußern. Ich begann, entschieden zu mir selbst zu stehen, anstatt zu den gesellschaftlich und moralisch konditionierten Rastern. Das hat mich aus vielen Verstrickungen gelöst.

> Immer mehr wurde mir bewusst, wie viel Zeit und Energie wir mit selbst auferlegten Regeln, Einschränkungen und Verpflichtungen binden.

Besonders in unserem nahen Umfeld können wir durch unsere schnörkellose Ehrlichkeit Besorgnis und Irritation auslösen. Ich empfehle dir daher, die Menschen, die du liebst, über dich aufzuklären, sie könnten sich sonst vor den Kopf gestoßen fühlen. Bei mir spürte ich zuerst einen Drang nach absolutem Rückzug. Bis auf meine Tochter wollte ich Freunde und Familie einfach nicht sehen und auch nicht mit ihnen telefonieren. Ich hatte keinerlei Bedürfnis, mich auszutauschen. Ich wollte weder Meinungen, Ratschläge noch Geschichten übergestülpt bekommen, sondern wollte mich meinen eigenen kreativen Findungsprozessen widmen.

Dass mich meine Freunde über Monate nicht besuchen kommen durften, war für sie total irritierend. Auch meine Herkunftsfamilie bekam mich nicht zu Gesicht, weder an Weihnachten noch zur Taufe, nicht zum Geburtstag – ich wollte einfach nicht. Dabei war die radikale Selbstakzeptanz auch für mich eine Herausforderung. Mein schlechtes Gewissen machte mir permanent klar, dass alle Selbstfindung auch ihre Grenzen hat. Ich habe offen mit meinen Herzensmenschen darüber gesprochen, was ich zurzeit brauche, und bin ihnen sehr dankbar, dass sie mit mir durch den Prozess gegangen sind und mir Verständnis entgegenbrachten. Für mich war diese Zeit sehr wichtig, da ich für das Bewusstsein Next Level durch und durch mit mir ins Reine kommen wollte. Ich lernte alles an mir kennen, sehen und lieben. Ich machte mich frei von allen übernommenen Konventionen und Bewertungen. Ich erlaubte mir, mich selbst radikal so anzunehmen, wie ich bin. Was für eine Erleichterung!

Ich habe mich in dieser Zeit mit vielen Fragen beschäftigt. Zum Beispiel damit, warum es Menschen gibt, die sich große Ziele setzen und diese auch erreichen, während andere vor sich hin krebsen und sich nicht trauen, auch nur ein kleines Stück vom Kuchen zu verlangen. Besonders in der spirituellen Bewusstseinsszene ist es weitverbreitet, Erfolg und Reichtum zu verurteilen. Ich bin allerdings fest davon überzeugt, dass sich automatisch Erfolg und auch Reichtum einstellen werden, wenn wir die Prozesse aus diesem Buch durchlaufen und verkörpert haben. Warum ist das so? Die bisherigen Schritte haben uns kraftvoll mit unserer Schöpfermacht verbunden. Wir haben in uns selbst aufgeräumt und die fokussierte Pionierkraft in uns integriert.

Die Phase des Bewusstseinswandels, die wir nun durchlaufen, trainiert uns darauf, maßgeblich Einfluss auf die Wirklichkeit zu nehmen. An dem Punkt, wo wir jetzt stehen, geht es immer mutiger in die Selbstverwirklichung hinein. Wir haben die Person, die wir sind, mit dem wahren Menschsein verbunden und richten unseren Fokus auf hohe

Werte und erstrebenswerte Wünsche für ein erfülltes und erfolgreiches Leben aus. Das hat gar nichts Egoistisches oder Unbewusstes an sich, denn im Erreichen hoher Ziele finden wir unsere allergrößten Wachstumschancen für unsere Weiterentwicklung im Bewusstseinswandel des Ganzen.

> Das setzt regelrechte Superkräfte frei, die sich nun im persönlichen Menschsein verkörpern wollen.

Es kann dir passieren, dass es sich so anfühlt, als sei dir dein bisheriges Leben plötzlich zu klein geworden. Der herkömmliche Job gibt dir nichts mehr, manche Beziehungen oder gewohnte Aktivitäten auch nicht. Es ist gut möglich, dass dich Gespräche mit deinen Bekannten, die sich nicht entwickeln, langweilen. Aller Wahrscheinlichkeit nach wirst du ganz plötzlich große Ziele im Fokus haben, von denen du vorher nicht zu träumen gewagt hättest. Besonders spannend ist, dass du wie besessen darauf hinarbeiten wirst, deine Träume und Überzeugungen zu verwirklichen.

Ich habe in dieser Phase mein gesamtes Business umgestellt. Ich habe ein ganzheitlich orientiertes Unternehmen gegründet, das die Wege der Neuen Zeit verkörpert, und es zu einem für mich immer noch erstaunlichen Erfolg geführt. Woher ich den Mut dafür genommen habe, ist mir immer noch unerklärlich. Von heute auf morgen schloss ich einen sicheren Geschäftszweig und wagte mich mutig an etwas heran, von dem ich nicht wusste, wie man so was macht. Doch ich spürte in mir einen so starken Ruf, den ich zwar lange nicht verstand, aber er trieb mich Stück für Stück an, mich zu verändern. Etwas in mir hatte sich grundlegend gewandelt.

JEDES PROBLEM, JEDE KRITIK, JEDES BURNOUT-GEFÜHL WURDE ZU MEINEM LEHRER

In dem Moment, wo wir hier bei Schritt vier ankommen, ist es gar nicht anders möglich, als dass sich unsere innere Kraft in die Selbstbestimmtheit hinein verwirklicht. Wenn ich mir früher bei gewissen Herausforderungen noch ins Hemd gemacht hätte und schnell wieder in meine Komfortzone gekrabbelt wäre, waren solche Situationen nun willkommene Gegner, die mich lehrten, wo es langging. Ich glaube, das Geheimnis ist, dass wir ab dem Punkt unseres Bewusstseinswandels keine Angst mehr haben zu scheitern.

Wohin sollten wir denn auch fallen können, außer in uns selbst hinein?

Wir haben auch keine Angst mehr, uns zu blamieren, und vor allem haben wir keine Angst mehr vor unserer wahren Größe. Wir trauen uns mehr zu, weil das alte Raupenleben keinen Sinn mehr macht. Dahin zurückzukehren ist keine Option, uns sind längst Schmetterlingsflügel gewachsen. Die Metamorphose ist abgeschlossen, jetzt gilt es, hoch zu fliegen.

Kennst du den Prozess, den eine Raupe durchläuft, während sie zum Schmetterling wird? Wenn sie sich in ihren Kokon verpuppt, lösen sich die Zellen der Raupe nach und nach auf und werden durch sogenannte Imagozellen ersetzt. Sie sind eine Vorstufe der eigentlichen Schmetterlingszellen. Diese Imagozellen werden jedoch zu Anfang vom Immunsystem der Raupe bekämpft, da sie als Fremdkörper eingestuft werden. Ab einer bestimmten Menge dieser Imagozellen, die sich untereinander zu Clustern verbinden, geschieht jedoch das Wunder. Das Immunsystem der Raupe wird sich bewusst, dass die neuen Zellen sehr wohl zu ihr gehören, und es hört auf, die Neubildung dieser Zellen zu torpedieren. Das ist der Moment, in dem die Verwandlung zum Schmetterling passieren kann. Und wir hören jetzt auch auf, unsere eigene Verwandlung zu bekämpfen. Wir hören nicht mehr auf die Ratschläge unserer ehemaligen Raupenfreunde. Nicht, weil wir arrogant sind, sondern weil wir in einer anderen Welten leben als sie.

ENDLICH ZUM SCHMETTERLING WERDEN

Bleiben wir noch einen Moment bei dem Schmetterling, denn die Geschichte geht noch weiter und dient uns ganz wunderbar als Analogie für unseren eigenen Wandlungsprozess. Sobald der Schmetterling aus seinem Kokon krabbelt, kann er noch nicht fliegen. Er muss sich angestrengt aus der engen Hülle quetschen. Dann presst er seine Flügel vollständig heraus, hängt sich außen an den Kokon und pumpt seine Flügel mit Schmetterlingsblut voll, damit sie sich aufspannen. Der kleine Schmetterling ist noch ganz feucht und seine Flügel müssen zunächst trocknen, bevor er fliegen kann. Also hängt er nun außen am Kokon, zittrig und klamm, und ist für Vögel eine leichte Beute. Ob er Angst hat? Bestimmt, doch in den sicheren Kokon kann er nicht mehr zurück. Und könnte er es, würde er dort sterben. Er hat keine andere Wahl, als für alle anderen sichtbar an seinem Kokon zu hängen und seine Flügel auszubreiten, bis er endlich fliegen kann.

Versetz dich einmal in dieses Gefühl, als wärest du dieser kleine Schmetterling. Deine Flügel sind aufgespannt, sie trocknen im sanften Wind und in der wärmenden Sonne. Du schlägst sie leicht auf und nieder, diese neuen wunderschönen Werkzeuge hinten an deinem Rücken – und plötzlich hebst du ab. Du fliegst durch die glitzernden Sonnenstrahlen und begegnest deinesgleichen. Du fliegst mit ihnen gemeinsam. Am Boden kannst du deine ehemaligen Artgenossen sehen, kriechend und fressend und sich keinesfalls dieser höheren Entwicklungsmöglichkeit bewusst.

Verstehst du nun, warum ich sage, dass es ab diesem Moment deines Bewusstseinswandels überhaupt keine Option ist, alles beim Alten zu belassen? Dass es überhaupt keine Option ist, Angst vor dem Fliegen zu haben? Und dass es auch keine Option ist, dein leuchtendes buntes Sein zu verstecken, nur weil andere noch nicht da sind, wo du bist? Sobald wir diesen inneren Schritt vollzogen haben, spüren wir Frieden. Wir begreifen, dass wir unser Glück, die Fülle, unseren gesundheitlichen, unseren spirituellen und finanziellen Wohlstand in die eigenen Hände nehmen dürfen und müssen. Ich habe zu diesem Zeitpunkt begonnen, finanziellen Wohlstand für mich neu zu definieren.

> Für mich ist Wohlstand Freiheit und Zeit für die mir wertvollen Dinge. Er ermöglicht mir, Visionen umzusetzen, die Gutes in der Welt bewirken. Wohlstand ist ebenso Gesundheit und gute Beziehungen. Wohlstand für alle ist Frieden.

Das Leben selbst ist Reichtum und Fülle. Die Gattung Mensch hat zwar die ungerechte Verteilung dieses Reichtums und die Ausbeutung eingeführt, das sagt allerdings nichts über den Reichtum des Lebens aus, der gesetzmäßig für alle vorhanden ist. Diese Definitionen wurden zu meinem Maßstab. Ich richte alles, was ich tue und anstrebe, nach diesen Werten aus. Damit ist stets Fülle für alle Beteiligten gewährleistet.

HIN ZUM WAHREN SELBST

Im Rahmen meiner Einweihung in die sieben Tools schickte mir das Schicksal eines Tages eine weise Curandera, mit der ich mich anfreundete. Eine Curandera ist eine schamanische Heilerin. Unsere Begegnung war der Auftakt meines Erinnerns an ein Wissen, das sich nach und nach den Weg tief aus meiner Seele ins Hier und Jetzt bahnte und immer noch bahnt. Wir verbrachten viele magische Stunden miteinander, saßen nächtelang am Lagerfeuer und philosophierten über die Zusammenhänge des Lebens in der mehrdimensionalen Tiefe. Ich liebe diese kostbaren Gespräche, die von einer Schwingung geprägt sind, die nicht von dieser Welt ist.

Immer wieder sprechen wir bis heute darüber, dass unsere Welt der Gedanken nur ein Spiel ist und die Außenwelt ein Spiegel dieser Gedanken und Überzeugungen. Die Curandera hat das große Glück, vom Alltagsstress abgekoppelt zu sein. Sie lebt etwa neun Monate im Jahr bei indigenen Völkerstämmen am Amazonas oder in Mexiko. Tief verwurzelt mit der gelebten Weisheit dieser Völker ist sie frei von Anhaftungen an Besitz, frei von unseren gesellschaftlichen Maskeraden, frei von kleingeistigem Denken und Mangel. Mit ihr tauche ich gern tief in die Erkenntnis ein, dass nichts per Zufall zu uns kommt. Alles ist das unvermeidliche Resultat unserer Lebenseinstellung und unseres Bewusstseins. Das Universum, das Leben reagiert auf die Energie, die in uns ist.

Das Leben bestraft nicht und das Leben belohnt nicht,
es antwortet einfach nur.

Negative Gedanken, Angst und Sorgen ziehen Mangel in unser Leben. Ebenso wie Dankbarkeit und Freude Glück und Fülle in unser Leben ziehen. Die Arbeit an uns selbst ist der einzige Weg, der sich wirklich lohnt.

Die Curandera spricht sechs Sprachen und ist überall auf der Welt zu Hause. Doch was noch viel spannender ist, sie ist in der Lage, durch die Dimensionen zu reisen. Auf diese Reisen hat sie mich oftmals mitgenommen. Sie brachte mir bei, wie ich meine Kanäle dafür öffne und wie ich mich mit meinem ursprünglichen Wesen, dem Selbst, verbinde. Mit diesem Wesen, das den Menschen, der ich heute bin, hervorbrachte. Mit diesem Selbst verbinden wir uns, wenn wir uns auf unseren schamanischen Reisen durch die Dimensionen bewegen, um immer mehr zu verstehen.

WIR SIND ALLES, WAS ES GIBT, UND ES GIBT NICHTS, WAS WIR NICHT SIND

Obwohl wir schon unzählige Male gereist sind, ist es für mich jedes Mal wieder aufregend und sehr beeindruckend. Es fühlt sich an, als würde ich meinen Körper verlassen. Binnen Sekunden wird all das, womit ich mich im Leben normalerweise identifiziere, unwichtig. Dinge, über die ich mich ärgere oder sorge, mein Körper und all meine Prioritäten treten unmissverständlich in den Hintergrund. Meine Einstellung zu allem Irdischen wird der Absurdität überführt. Es gleicht wohl dem körperlosen Wahrnehmungszustand des »Ich bin« in dem Moment, wo wir sterben. Unmittelbar nach der Loslösung von allem Irdischen tritt eine bewusstseinserweiterte Wahrnehmung auf, die uns ganz neue Zusammenhänge des Lebens erkennen lässt.

Auf diesen Reisen wird uns eindrücklich gelehrt, dass uns alles, was uns begegnet, alles, was uns passiert, alles, was uns angetan wird, auf einer ganz tiefen Ebene als Lehrer dient. Es geschieht nichts, aber auch gar nichts im Universum, was nicht eine Verkettung von sich gegenseitig dienenden Lehrmeistern ist. Ein ewiger spiralförmiger Tanz des Einen Bewusstseins, projiziert in unzählige Ausdrucksformen, in dem nichts und niemand verloren geht und alles in ewiger Verbundenheit fortbesteht. Sobald wir diese Wahrheit verankert haben, öffnet sich der Kanal, über den wir zum wahren Wesen unseres Seins vordringen, dem Selbst. Es ist sehr schwer, das in Worten zu beschreiben, und doch möchte ich versuchen, dir auf eine positive Weise diesen Zustand näherzubringen. Als die Curandera mir zu ersten Mal von ihm berichtete, fühlte sich diese Aussicht nicht sonderlich erstrebenswert an. Sie lachte damals nur und sagte: »Du bist so weit, diese Erfahrung zu machen, und du wirst verstehen, warum sie dich ruft.« Sie sollte recht behalten. Es ist wie ein Nachhausekommen. Nichts ist mehr wichtig, die Gedanken sind still. Sie können sich in dieser Seinsform nicht lange halten. Was bleibt, ist reine Wahrnehmung. Auf der einen Seite sind wir völliger Frieden, pures Sein und Losgelöstheit. Auf der anderen Seite sind wir pure Neugierde und in der Lage, weit über Zeit und Raum hinweg alles, was möglich ist, zu erfassen.

Ich beschreibe diesen Zustand gern als ein beeindrucktes Staunen über das eigene Sein. Uns ist sofort bewusst, dass wir alles sind und dass es nichts gibt, was wir nicht sind. Wir sind die Fülle aller Möglichkeiten, wir sind die gesamte Palette der Gefühle, der Erfahrungen und der Erscheinungen. Wir sind die Existenz und die Nichtexistenz.

GEGNER, DIE ZU LEHRERN WERDEN

Auf diesen Reisen hab ich gelernt, wie sehr wir als wahrnehmendes Bewusstsein die Schöpfer unserer Erfahrungen sind. Stell es dir folgendermaßen vor: Du bist alles, was ist, und plötzlich erregt etwas deine Aufmerksamkeit. Das kann ein Gefühl sein, eine Farbe, eine Schwingung oder irgendetwas anderes, das du dir näher anschauen möchtest. Und schon beginnt sich das Bewusstsein tiefer auf diese Neugierde einzulassen. Dein Bewusstsein steuert sozusagen immer tiefer in das »Objekt« der Neugierde hinein. Sobald das passiert, befindet sich das Bewusstsein auf der Erkundung einer Erfahrung und erschafft diese damit zugleich. Machen wir uns jetzt noch bewusst, dass es nur das Eine Bewusstsein gibt, das in sich unbegrenzt teilbar ist und sich somit in unterschiedlichen Daseinsformen ausdrückt und als Selbst erfährt, wird deutlich: »Alles ist Eins«.

Alle Ausdrucksformen sind letztendlich ein und dasselbe Bewusstsein. Warum erzähle ich dir davon? Häufig empfinden wir das Leben als ungerecht oder glauben, etwas falsch gemacht zu haben, besonders wenn etwas schiefläuft oder uns eine Krankheit, ein Verlust oder ein Schicksalsschlag einholt. All das sind jedoch Lehrer, die wir aus der Perspektive des Bewusstseins letztendlich sogar selbst sind. Als das Eine Bewusstsein spielen und erfahren wir in verschiedenen Rollen und aus unterschiedlichen Perspektiven dieses Leben, ohne dass wir bewusst davon wissen. Alles ist nur ein Spiel, das wir über unsere Neugierde selbst erschaffen haben und über die unterschiedlichen Perspektiven beständig weiter kreieren.

In dieser Lektion, in der es darum geht, ein würdiger Gegner zu sein, müssen wir erst einmal definieren, dass es niemanden da draußen gibt, der unser Gegner ist. Im Außen treffen wir nur auf uns selbst und das eben in Form von Lehrern.

Wisse: Alles, was geschieht, geschieht für dich,
niemals gegen dich!

Der wahre Gegner ist in unserem Inneren zu finden. Diesen Gegner erkennst du an inneren Widerständen, an Schuldzuweisungen und an der Neigung, andere oder Situationen für dein Glück oder Unglück verantwortlich zu machen. Unsere Bereitschaft, alles als Lernimpuls zu betrachten und an allem zu wachsen, macht uns selbst zu einem würdigen Gegner. Die Fähigkeit, unser begrenzendes Selbstbild zu erlösen und unseren Schweinehund, unsere Faulheit, unsere Schuldzuweisungen, unsere Gedanken und limitierenden Glaubenssätze zu kontrollieren, macht uns zu einem würdigen Gegner.

Sobald uns das gelingt, bemerken wir eine brennende Leidenschaft für das Lernen. Sobald wir dieses Tool für uns verinnerlicht haben, werden aus Widerstand und Frust Frieden und unbändige Lebensfreude.

Denn es bedarf ab diesem Punkt keinerlei Konzepte mehr. Weder macht es dann noch Sinn, militanter Nichtraucher oder andere bekehrender Veganer zu sein, noch Umweltaktivist, Friedensstifter oder Weltverbesserer. Wir schwingen uns nicht mehr auf, andere zu belehren, denn alles ist eins. Im Sinne des Bewusstseins gibt es nichts, was du nicht bist, du bist die Natur, Mutter Erde, deine Mitmenschen und die Tiere. Du begreifst, dass du niemanden verletzen oder ausbeuten kannst, ohne es dir selbst anzutun.

Du weißt zugleich, dass es nicht möglich ist, durchs Leben zu gehen, ohne andere zu verletzen, und dass es manchmal dazugehört, um selbst ein Lehrer zu sein. Es ist nicht machbar, die Welt zu retten, denn sie muss nicht gerettet werden. Die Welt können wir nicht retten, außer wir retten uns selbst. Das heißt, dass wir bereit sind, so zu handeln, dass es allem Leben auf unserem Planeten zum höchsten Wohle dient. Bewusstsein Next Level fordert die Loslösung vom bisherigen Weltbild und das Einlassen auf das Bild der Ganzheit. Das bedeutet, dass wir unsere Werte verändern, mehr Qualität und einen neuen Umgang mit dem Leben und unseren Mitbewohnern auf dieser Erde finden. Die Kooperation mit unserem wahren Sein, dem Selbst, ist hierfür die Voraussetzung. Das Bewusstsein der Neuen Zeit ist ein Cocktail aus Ordnung, Freiheit, Selbstständigkeit, Verantwortung und einer, vielleicht noch unvollständigen, Sicht auf unser mannigfaltiges Selbst.

Es ist nicht machbar, die Welt zu retten,
denn sie muss nicht gerettet werden.
Die Welt können wir nicht retten,
außer wir retten uns selbst.

TOOL VIER. VIERTE AKTIVIERUNG: SOFORT FRIEDEN

Wenn du an dieser Stelle des Buches angekommen bist, macht es Sinn, dir die richtigen Fragen zu stellen. Solche, die dein Leben verändern werden. Wie schnell das gehen wird, hängt von dir ab!
Bist du bereit, dir dein eigener würdiger Gegner zu sein? Brennst du so sehr für deine Wahrheit, dass du alles daransetzt, sie zu leben, auch wenn es das Risiko beinhaltet, zu scheitern? Bist du bereit, dich in die Brandung deines Lebens zu werfen und zu 100 Prozent für dich im Feuer zu stehen?

Fragen zum Wesentlichen

Die folgenden Fragen, die ich mir immer und immer wieder stelle, möchte ich sehr gern mit dir teilen. Beantworte sie dir in Ruhe und ausführlich. Wiederhole diesen Prozess immer wieder in Abständen. Einmal, um dir selbst ein würdiger Gegner zu sein, und auch, um die Verantwortung für dein Leben nicht an deinen inneren Schweinehund oder andere Leute abzugeben:

- Was brauchst du, um glücklich zu sein?
- Was motiviert dich im Leben?
- Was sind deine Ziele?
- Was sind deine Werte?
- Was ist dein Warum?
- Was sollen die Menschen über dich sagen, wenn du diese Welt verlässt?
- Was sollen die Menschen über dich sagen, solange du noch unter ihnen weilst?

Wenn du dir die Fragen ausführlich beantwortet hast, gehen wir weiter, bitte wirklich erst dann.
Für die nächste Aufgabe ist es ganz wichtig, dass du nicht fudelst. Halte dich genau an die Reihenfolge der kommenden Fragen. Beantworte erst eine Frage, bevor du zur nächsten weitergehst, ansonsten schwächst du dich selbst.

Was kannst du tun?

Such dir einen stillen Ort, schließ die Augen und visualisiere dir die Antworten auf folgende Fragen:

- Wo siehst du dich (Datum heute) in exakt zehn Jahren?
- Wie fühlt sich dein Leben für dich an in zehn Jahren? Notiere dir alle Bereiche wie wirtschaftlicher Zustand, Partnerschaft, Familie, Freunde, Gesundheit, Fitness, Hobbys, Spiritualität, Liebe, Engagement ...

Erinnerung: Lies erst weiter, wenn du dir die vorhergehende Frage ausführlich beantwortet hast. Wenn du deine Antworten hast, gehen wir in die nächste Runde:

- Was muss in fünf Jahren passiert sein, damit du bestmöglich sicherstellen kannst, dein Ziel in zehn Jahren zu erreichen?

Lies wieder erst weiter, wenn du dir die vorhergehende Frage ausführlich beantwortet hast. Wenn du deine Antworten hast, gehen wir in die nächste Runde:

- Was muss in zwei Jahren passiert sein, damit du bestmöglich sicherstellen kannst, dein Ziel in fünf Jahren zu erreichen?

Lies erst weiter, wenn du dir die vorhergehende Frage ausführlich beantwortet hast. Wenn du deine Antworten hast, geht es weiter:

- Was muss in einem Jahr passiert sein, damit du bestmöglich sicherstellen kannst, dein Ziel in zwei Jahren zu erreichen?

Lies erst weiter, wenn du dir die vorhergehende Frage ausführlich beantwortet hast. Wenn du deine Antworten hast, gehen wir in die nächste Runde:

- Was muss in sechs Monaten passiert sein, damit du bestmöglich sicherstellen kannst, dein Ziel in einem Jahr zu erreichen?

Lies erst weiter, wenn du dir die vorhergehende Frage ausführlich beantwortet hast. Wenn du deine Antworten hast, geht es weiter:

- Was kannst du morgen beginnen/tun, damit du bestmöglich sicherstellen kannst, dein Ziel in sechs Monaten zu erreichen?

Jetzt spürst du, was es bedeutet, sich selbst ein würdiger Gegner zu sein und an den eigenen Ausreden nicht mehr zu scheitern. Wisse, der erste Schritt ist immer der schwerste. Danach führt dich die Kontinuität zu deinem gewünschten Ziel.

Kontinuität bescheißt uns nicht.
Wenn wir lange genug an einer Sache dranbleiben,
führt sie uns unweigerlich zum Ziel.

Es ist möglich, dass dir bei deiner Ausrichtung auf das eigenverantwortliche und selbstbestimmte Bewusstsein ab und an noch mal negative Glaubenssätze und unangenehme Erfahrungen aus der Vergangenheit begegnen. Auch die Meinung anderer berührt dich möglicherweise intensiver, zumal sich Menschen, mit denen du in Beziehung bist, von deiner Entwicklung gestört fühlen können. Wisse, all diese Gegner sind deine Lehrer, lass dich von ihnen lehren, jedoch nicht von ihnen beherrschen.

MORGENRITUALE

Um zu vermeiden, dass ich in alte Gewohnheiten verfalle und dadurch meine höheren Ziele nicht weiterverfolge, beginne ich jeden Morgen mit einem kleinen Ritual. Der große Vorteil von Ritualen ist, dass sie zu Gewohnheiten werden können, und all das, was wir gewohnheitsmäßig tun, kostet uns kaum Anstrengung. Morgendliche Rituale sind sehr wirksam, da wir am Morgen noch frisch sind. Außerdem können wir uns tagsüber immer wieder an das gute Gefühl vom Morgen erinnern und uns sozusagen in das Ritual zurückbeamen. Dafür brauchst du nur kurz die Augen zu schließen, das entspannte Gefühl abzurufen, die Bilder des Morgens erneut vor dein inneres Auge zu ziehen – und schon ist dein Energielevel wieder auf Kurs.

Der Morgen gilt als eine Glückszeit für positive Rituale. Hier entscheidest du, wie dein Tag verlaufen wird. Du gewinnst die Möglichkeit, dich zu stärken und dich für den Tag mit deinem Bewusstsein Next Level zu verbinden. Du kannst den Grundstein für einen erfolgreichen Tag legen und bestimmen:

- Was ist dir wichtig?
- Was möchtest du umsetzen?
- Wie möchtest du dich fühlen?

Dein Morgenritual erinnert dich daran, dass dein Leben in Liebe geborgen ist. Es macht dir bewusst, dass du entscheidest, die Fäden in der Hand hältst und die Richtung vorgibst.

Dein Morgenritual

Schaff ein Ritual, das dich dankbar sein lässt und dich gleichzeitig motiviert. Kombiniere dafür Dinge, die du gern tust, die dir guttun, dein Herz öffnen, dich ruhig und klar werden lassen. Entwickle dein ganz ureigenes Morgenritual (und pass es in der ersten Zeit an, bis es richtig sitzt).

MEIN »DANKE FÜR DIESES LEBEN«-RITUAL

Ein Ritual kann tiefen Frieden erzeugen, der meistens den gesamten Tag anhält. Ich teile gern meines mit dir, vielleicht inspiriert es dich, Ähnliches zu tun. Ich stehe bewusst zwei Stunden früher auf, als ich müsste. Ich trinke bei Wind und Wetter meinen ersten Kaffee draußen auf meiner Glückstreppe, dort verbinde ich mich meditativ mit aufrichtiger Dankbarkeit. Ich visualisiere vor meinem geistigen Auge einen erfolgreichen und erfüllenden Tag, der vor mir liegt.
Danach gehe ich ins Haus, entzünde ein Räucherstäbchen und lass noch ein paar Minuten die Dankbarkeit und die inneren Bilder wirken. Nun lese ich ein paar Seiten in einem guten Buch. Ich notiere mir Ideen, Eingebungen oder Erkenntnisse, die während des friedlichen Teils des Morgens von meiner Seele oder meinem Geist zu mir durchgedrungen sind. Danach starte ich motivierende Musik und bringe tanzend meine Stimmung hoch.
Erst dann check ich meine Termine und strukturiere meinen Tag. Danach gehe ich entweder zum Training oder mach einen Spaziergang.

Ich notiere mir wiederum Ideen, Eingebungen oder Erkenntnisse, die während des aktiven Teils des Morgens zu mir durchgedrungen sind. Erst nach dieser ausgiebigen Zeit für mich bin ich erreichbar und beginne zu arbeiten oder starte mit dem, was heute dran ist.
Unfrieden entsteht immer dann, wenn unser Verstand im Widerstand, im Mangel, gestresst oder in Sorge ist. Heute nenne ich, bei allem Respekt für schwierige Situationen, diesen Unfrieden Unbewusstheit. Wenn wir unsere Unbewusstheit nicht anschauen und sie erlösen, produzieren wir sie auf unser Umfeld, wir erschaffen Krieg und Schuld. Frieden entsteht, wenn wir tiefes Vertrauen in uns selbst und ins Leben finden. Wenn wir verinnerlichen, dass wir alles erreichen können und Fehler machen dürfen. Wenn wir das Großartigste vom Leben erwarten dürfen und wissen, dass Scheitern und ein Nichtgelingen nicht das Ende der Welt bedeuten, sondern ausschließlich eine wichtige Lehre darstellen. Sich dieser Herausforderung zu stellen, das ist die wahre Gegnerschaft. Wir verlassen unsere bequeme Neigung, uns als Opfer der Umstände zu sehen, und beginnen, Verantwortung für unsere Erfahrungen zu übernehmen.

Wie kannst du werden, wer du sein willst?

Frage dich bewusst immer wieder neu:

- Wer willst du sein?
- Was willst du erfahren?
- Welche Schatten möchten sich noch erlösen?
- Was möchtest du erreichen?
- Was möchtest du erschaffen?
- Was hindert dich daran, deine Wünsche eigenverantwortlich zu manifestieren?
- Was brauchst du, wer kann dich lehren oder unterstützen?
- Was kannst du tun, um dich selbst zu motivieren?

- Was kannst du für deine Gesundheit und deine Fitness tun?
- Wie kannst du dich entfalten, um deine Erfüllung und Freiheit zu leben?
- Wie wirst du selbst zu dem Partner, der Partnerin, den/die du dir für dein Leben wünscht?
- Welche Selbstzweifel darfst du noch überwinden, um nach den Sternen zu greifen?

Am Ende unseres Lebens erinnern wir uns nicht an all die Momente, in denen wir ein sicheres und beschauliches Leben gelebt haben, sondern wir erinnern uns an die verrückten, wilden und herausfordernden Momente, die wir irgendwie gemeistert haben.

Das Verborgene wird sichtbar

Schritt fünf:

Die größeren Zusammenhänge erfassen

ES GEHT IMMER WEITER. IMMER

Es ist möglich, dass du eifrig und mit großem Erfolg alle bisherigen Tools aus diesem Buch umsetzt. Du genießt die Freude, wie großartig alles klappt, und dann ganz plötzlich macht sich eine innere Leere breit. Du kommst nicht mehr an deine hohe Ausrichtung. Alles wird in Zweifel gezogen und du fühlst dich wie abgeschnitten vom Bewusstsein Next Level.

Manchmal bricht unser hohe Anbindung zusammen, um auf eine noch höhere Stufe gehoben zu werden. Vertraue dem Prozess!

Heute weiß ich, dass mir die Curandera geschickt worden ist, damit ich über meine bisherigen spirituellen Fähigkeiten hinaustrete und die größeren Zusammenhänge erfasse. Gestern stand sie plötzlich vor meiner Tür. Dass sie unangekündigt auftaucht, ist bisher noch nie vorgekommen, allein schon deshalb nicht, weil sie mich in meinem Zuhause noch nie besucht hat. Wir haben uns immer an zeremoniellen Plätzen oder in der Natur getroffen. Auch ich habe sie in ihrem Zuhause noch nie besucht. Lachend sagt sie über sich selbst, sie sei eine Gypsy, eine Reisende, eine Zigeunerin, die überall zu Hause ist. Und so lebt sie auch. Sie bereist die Welt, um zu lernen und zu lehren. Seit zehn Jahren erfährt und lernt sie die schamanische Heilkunst. Dafür lebt sie viele Monate bei einem südamerikanischen Völkerstamm, um dessen geheimes Wissen und dessen Weisheit zu verinnerlichen. Geläutert, gereinigt und bereichert kommt sie dann wieder nach Europa, um die Menschen hier daran zu erinnern, wer sie wirklich sind.

Gestern stand sie also plötzlich da und ihre Augen strahlten mich an. Ich hatte gerade einen Kuchen aus dem Ofen geholt und sie sagte:

»Schön, du wusstest, dass ich komme.« Also, eigentlich wusste ich es nicht, aber es war schon magisch, ich backe so gut wie nie Kuchen. Ein- bis zweimal im Jahr, wenn es hochkommt, und nur für Gäste. An diesem Tag war aber niemand eingeplant. Ich hatte am Morgen einfach das Gefühl, einen leckeren Schokokuchen backen zu wollen.

Während wir den warmen cremigen Kuchen aßen, konnte ich meine Neugierde nicht länger zurückhalten. »Sag schon, was führt dich zu mir?« fragte ich sie. Mit leuchtenden Augen erzählte sie mir, dass es nun Zeit ist, einen neuen Frequenzraum zu eröffnen. Sie würde wieder in den Amazonas zurückkehren, um für sechs Monate intensiv in der geistigen Dimension zu arbeiten und zu lernen. Dieses Mal wählte sie die Isolation, um sich von der Weisheit der Pflanzengeister führen zu lassen. Kein Kontakt zu anderen Menschen, nur sie, der Dschungel und die Pflanzen. Einmal am Tag würde ihr ein Indigener etwas zu essen vor ihre Hütte stellen und dann leise wieder gehen. Alleinig zur Nahrungsaufnahme würde ihr Bewusstsein immer wieder in ihren Körper zurückkehren. Über den Transformationsprozess des Essens und Verdauens wird sie das Erlernte in ihr menschliches Sein und das Erarbeitete auf die Erde holen. Sie hörte seit ein paar Monaten diesen Ruf der Pflanzen und wisse, dass sie nun etwas ganz Neues gelehrt bekäme. Sie habe alle Vorkehrungen getroffen, in drei Wochen gehe es los.

Puh, ich muss sagen, diese Frau hat meinen höchsten Respekt, zu so einer Mission könnten mich keine zehn Pferde bewegen. Verschwörerisch und leuchtend sah sie mich an und erzählte mir, dass wir zur gleichen Zeit auch hier in Europa in einen großen transformativen Zyklus eintauchen würden und dass es wichtig sei, dass wir vor ihrer Abreise noch einmal zusammenkommen, um unser Bewusstsein auf die nächste Stufe zu heben. Sie berichtete, dass sie verschiedene Personen dafür ausgewählt habe. Menschen, die in ihrem weltlichen Leben auch die Aufgabe übernommen haben, für das Bewusstsein der Neuen Zeit zu wirken. Ich kam mir ein bisschen vor wie Harry

Potter auf einer magischen Mission, von der ich keine Ahnung hatte. Ich berichtete ihr davon, dass ich mich seit Wochen auf unangenehme Weise von meinem Spirit getrennt fühlte und jetzt spüre, dass etwas Großes ansteht.

Während ich ihr die Details erzählte, spürte ich, wie dankbar ich war, mit ihr in diesem hochwertigen Austausch zu sein. Wer würde mich sonst verstehen? Es gibt viele tolle Menschen in meinem Leben, mit denen ich in die Tiefe gehen kann. Doch mit ihr ist es sehr außergewöhnlich, wir können über Dinge reden, für die es eigentlich keine Worte gibt.

WENN DAS SELBST ZU VERSCHWINDEN SCHEINT

Ich erzählte ihr, dass ich in den vergangenen Wochen das Gefühl hatte, von meinen spirituellen Fähigkeiten komplett abgeschnitten zu sein. Nicht mal an diesem Buch habe ich in dieser Zeit weitergeschrieben. Es fühlte sich für mich alles so sinnlos an, dass ich ernsthaft daran zweifelte, den spirituellen Weg weiterzugehen. Ich war von einem Moment auf den anderen in mein reines Personenbewusstsein zurückgeworfen und zweifelte alles an. Für mich war das ein totaler Schock, denn dadurch geriet mein Weltbild ins Wanken. All meine Sicherheit und mein Vertrauen ins Leben wurde mir dadurch entzogen und so verschwand auch die Hoffnung auf das Bewusstsein Next Level.

In dieser Phase krempelte ich die Ärmel hoch und tauchte voll ein in ein Leben ohne spirituelle Fähigkeiten und ohne dieses besondere Bewusstsein. Es fühlte sich schwer an und alles ging sehr mühselig von der Hand. Mir wurde bewusst, wie sich viele Menschen in ihrem Alltag fühlen müssen und wie anfällig wir in diesem Zustand für Ängste und Sorgen, Ärger und Angriffe sind. Ich erwischte mich bei unguten, niedrig schwingenden Gedanken und machte mir ernsthaft Sorgen, ob sich an diesem Zustand noch mal etwas ändern würde. Ich durchforstete mein Leben, um zu überprüfen, ob es irgendwo einen faulen Apfel gab, der den ganzen Korb verdarb. Ich entdeckte ein paar vor mir hergeschobene Baustellen und räumte sie auf. Strukturierte meinen Job neu, sortierte in meinem Freundeskreis aus und brachte meinen Terminplan in eine bessere Work-Life-Balance.

Dunkle Zeiten?

Wenn es dir einmal ähnlich gehen sollte und du den Zugang zu allem, was dir heilig ist, verloren zu haben scheinst, hab Vertrauen und werde ebenfalls aktiv. Schau, was du ganz konkret in deinem Leben optimieren kannst. Diese Phase dient der Erdung, dem Ankommen als Mensch in deinem ganz realen Leben.

Als alles sortiert war, begann ich ganz langsam wieder in meine Mitte zu kommen. Es war immer noch nicht der energiereiche erhöhte Zustand erreicht, doch ich war innerlich ausbalanciert. Eines Morgens bekam ich dann ganz vorsichtig die Information von meinem Selbst, dass sich nun die echte Selbstliebe aktivieren wird. Ich weiß noch, wie ich ganz erstaunt diese Worte in mir nachklingen ließ. Ich liebe mich, das weiß ich. Umso merkwürdiger fand ich diese Ankündigung.
Ein paar Tage lang beobachtete ich mich akribisch bezüglich meiner Selbstliebe. Ich ging liebevoll mit mir um, pflegte mich und meinen Körper, aß gesund, machte Sport, dachte und sprach mit mir in liebevoller Weise. Es war alles wie immer und ich fragte mich, was nur mit echter Selbstliebe gemeint sein konnte?

Eines Morgens geschah dann etwas Seltsames, ich lümmelte auf meiner Couch und war im Begriff, mit meinem morgendlichen Ritual des Lesens zu beginnen, da sah ich mich von oben. Ich schien wie eine Wolke an der Decke zu schweben und sah mir dabei zu, wie ich nach meinem Buch griff, das auf dem kleinen Opiumtisch aus Teakholz lag. Es war verrückt, zumal ich nicht bemerkt hatte, wie ich aus meinem Körper ausgetreten war. Es war einfach so geschehen, ohne Zeitverlust und ohne Wegstrecke. Während ich mir zusah, verließ ich trotz meiner Irritation über diesen Zustand die Position nicht. Was übrigens sehr ungewöhnlich ist, normalerweise beenden sich solche Zustände, sobald der Verstand mit Irritation reagiert.
Was ich als wunderschön und außerordentlich beeindruckend empfand, war mein Gefühl für mich und mein Leben. Ich spürte eine so intensive Liebe zu mir selbst, wie ich sie nur als Mutter für mein Kind kenne. Kennst du diese Momente, wo wir unser Kind, ein geliebtes Haustier oder einen geliebten Menschen in seinem Sein beobachten und eine tiefe Welle von Liebe uns erfüllt? Hast du das schon mal erlebt? Diese Momente, in denen du den Augenblick nicht stören möchtest, sondern ganz still wirst, weil du denjenigen, den du beobachtest, so sehr liebst und einfach nur ein Weilchen erleben möchtest.

> Diese Liebe, die nichts zurückfordert und kein Bedürfnis hat, dass der andere davon weiß.

Diese Liebe durchströmte mich für mich. Doch schien es, als ob dieses »mich« zwei unabhängig voneinander existierende Wesenheiten waren. Einmal das menschliche Ich, das sehr real ist, und einmal das Beobachter-Ich, das genauso real ist. Zwei unabhängig voneinander existierende Ichs und doch nicht voneinander zu trennen. Ich konnte zugleich beides sein und beide Ichs in voller Präsenz einnehmen. Ich war in der Metaebene existent und in der irdischen Ebene.

Seit diesem Tag ist etwas Erstaunliches mit mir geschehen, das ich gern mit dir teilen möchte, da ich davon überzeugt bin, dass jeder diesen Zustand der Metaebene einnehmen kann. Am ehesten kann ich ihn mit einem liebenden und toleranten Elternteil vergleichen, der sein heranwachsendes Kind unterstützt und fördert. Es ist, als würden wir aus der Perspektive der liebenden Seele auf uns als Mensch schauen. Wenn wir aus diesem Blickwinkel heraus uns selbst betrachten, können wir begreifen und tief in unserem Herzen fühlen, dass es niemals um ein zu erzielendes Ergebnis geht, sondern um das Ausprobieren von Interessen. Um das Erkunden dessen, was unsere Neugierde weckt. Es geht nicht darum, Fehler zu vermeiden, sondern darum, Erfahrungen zu machen. Es geht nicht um Perfektion oder um das Erreichen von gesellschaftlichen Maßstäben, sondern um die Entfaltung.

Seit diesem Erlebnis bemühe ich mich, diesen Blickwinkel zu halten. Ich sehe seitdem in Liebe und Verständnis aus der Metaebene auf mich und meine Mitmenschen »herab«. Es gibt keine Befürchtungen mehr, dass etwas Schlimmes passieren oder dass etwas nicht gelingen könnte, auch keinerlei Befürchtungen, etwas falsch zu machen. Es existieren nur Geduld, Verständnis, unbändige Liebe und Stolz über die Erfahrung, Entwicklung und Entfaltung.

Diese Perspektive macht auch vor meinem Umfeld nicht halt. Nichts und niemand fällt aus dieser Art der Betrachtung heraus. Auffällig war dies direkt im ersten Moment. Es gab in meinem Leben einige Menschen, die ich aufgrund ihres Verhaltens ablehnte. Besonders auf der politischen Weltbühne gab es einige Spieler, die meine Abneigung sehr getriggert hatten. Verrückterweise waren das die ersten Menschen, die mir einfielen, als ich die höhere Beobachterperspektive eingenommen hatte – und ich spürte echte Liebe für sie.

PERSON, MENSCH UND SELBST IN EINEM

Dieser eben beschriebene Zustand ist gemeint, wenn wir sagen, wir können gleichzeitig die Person, der Mensch und das Selbst sein. Als Person sind wir durch unsere Aufmerksamkeit mit den Dingen, die uns im Außen passieren, sehr stark identifiziert und bewerten von früh bis spät. Als Mensch begreifen wir unseren eigenen Einfluss auf die Lernerfahrungen, wir sehen die größeren Zusammenhänge des Lebens und auch die Lehren, die jeder Augenblick für die menschliche Entwicklung beinhaltet. Als göttliches Selbst erzeugen wir in bedingungsloser Liebe die Schöpfung und sind in alles verwoben, was existiert.

Solange wir unser persönliches Sein als unsere alleinige Existenz begreifen, ist unser Bewusstsein dem Spiel der Projektionen und der Bewertungen unterworfen. Es gibt das Gute und das Schlechte, den Täter und das Opfer, den Gewinner und den Verlierer. In diesem Spiel gibt es keinen Ausweg außer den, aus dem Spiel auszusteigen.

Wir sind der Spieler,
wir sind die Spielfigur und wir sind sogar das Spielfeld.
Person, Mensch und Selbst.

Solange wir in diesem Leben existieren, sind wir gleichzeitig das Spielfeld, auf dem das Spiel stattfindet, die Spielfigur, die sich voll mit dem Spiel identifiziert, und auch der Spieler, der den nächsten Zug setzen wird.

Triff eine Entscheidung!

Identifizierst du dich mit dem Püppchen auf dem Brett, mit dem Spielfeld oder mit dem Spieler?
Du kannst sogar noch weitergehen und der Entwickler des Spieles sein und die Regeln aufstellen. Auch das ist deine längst existierende Seinsform. Letztendlich bist du sowieso alles.

DU BIST VON BEDEUTUNG!

Wir sind mit allem, was wir sind, kostbar für das Leben auf unserem Planeten. Und das auf so mannigfaltige Art und Weise, wie wir es uns normalerweise überhaupt nicht vorstellen können. In Bereichen, von denen wir üblicherweise überhaupt keine Idee haben.
Wusstest du zum Beispiel, dass dich alles, was du isst und trinkst, nicht nur nährt, sondern dass die verzehrten Lebensmittel durch dich die Erfahrung des Nährens machen? Das, was du isst, erfährt sich auf der Bewusstseinsebene selbst noch einmal in einem ganz anderen Zustand, wenn dein Körper es in Nährstoffe aufspaltet. Es verliert seine Form und geht von seinem bisherigen Existenzausdruck über in die lebensspendende feinstoffliche Erfahrungsebene. Insbesondere alles, was du roh und unverarbeitet verzehrst. Ich finde das so unglaublich spannend! Wir werden nicht nur beschenkt, indem wir essen, sondern wir verschenken uns zugleich durch die Nahrungsaufnahme und ermöglichen der Nahrung die Metamorphose für eine andere Bewusstseinserfahrung. Vielleicht magst du das nächste Mal mit diesem Bewusstsein dein rohes Obst oder Gemüse essen. Schau mal, was das mit dir macht. Wenn diese Erfahrung mit dir in Resonanz geht, könntest du dich entscheiden, dieses Wissen bei jedem Essen im Sinn zu behalten. Das kann viel verändern und dein Bewusstsein enorm erweitern.

Mit dem Bewusstsein, dass wir mit allem verbunden sind und alles sich gegenseitig beschenkt und dient, legen wir unsere Achtlosigkeit ab und unser Leben erhält mehr Tiefe.

Alles, was wir denken, alles, was wir tun und wie wir es tun, ist von immenser Bedeutung und wird durch die entsprechende Bewusstheit um ein Vielfaches potenziert. Wir bilden mit allem, was ist, eine Einheit. Alles verwebt sich auf der materiellen, auf der feinstofflichen und auf der nichtstofflichen Ebene. Es gibt nichts, womit wir nicht verbunden sind. Es gibt keine Dimension, in der wir nicht längst existieren. All deine höheren Seinsformen kannst du jederzeit über dein Inneres erreichen. Von dort aus trittst du mit deinem Fokus aus deiner persönlichen und sogar menschlichen Existenz heraus und hast Zugriff auf alles, was du wissen musst.

»Alle Antworten, die wir suchen, liegen in uns selbst.« Kennst du diesen Spruch? Ja, sie befinden sich in unserem Selbst. Es ist absurd zu glauben, wir hätten keinen Zugriff darauf. Das stimmt nur so lange, wie wir das weiterhin glauben möchten!

Dein Inneres ist die Pforte, die dich zurückführt in die Wahrnehmung, Teil des Einen kosmischen Bewusstseins zu sein. Liebe es, ein Mensch zu sein, sei fürsorglich mit der Persönlichkeit, die du hast, und genieße alle sinnlichen Erfahrungen. Erfreue dich an Bewegung und daran, dass du dir deiner selbst als Mensch und als Person bewusst bist. Erkenne das Geschenk, dass du Freude, Trauer, Liebe und Schmerz empfinden kannst. Dass du ein denkendes und fühlendes Wesen bist.

Liebe dich dafür, dass du dich irrst, dass du hoffst, dass du begehrst und dass du vermisst. Liebe dich dafür, dass du nichts weißt und es doch versuchst. Liebe dich dafür, dass du scheiterst und manchmal auch Angst hast, dass du liebst und verletzt. Liebe dich dafür, dass du bist, wie du bist, und für das, wonach du strebst zu werden. Liebe dich

aus der Metaebene, wie ein randvolles Mutterherz, das seinem geliebten Kind still beim Spielen zuschaut. Das ist Selbstliebe, tief und echt, ruhig und klar. Eine Selbstliebe, die das Kleine, das Große und das Ganze umfasst. Diese Liebe und Toleranz kannst du still an dich und andere verströmen, indem du siehst, was wir wirklich sind. Strahlendes Bewusstsein, Teile des Ganzen und spielende Kinder, perfekt.
Und so schloss sich an die Zeit, in der ich glaubte, meine Spiritualität verloren zu haben, eine Phase tiefster Erkenntnisse an. Zutiefst dankbar und mit Tränen in den Augen blicke ich heute auf diesen Prozess zurück, der mir eine tiefgreifende Heilung meiner tief vergrabenen Seelenschmerzen schenkte. Schmerzen, die von Ablehnung und Trennungen herrühren, von dem Gefühl, nicht zu genügen. Ich glaube, in irgendeiner Form tragen wir alle solche Schmerzen in uns, bis wir die heilsame Selbstliebe für uns fühlen.

Wie konnte ich jemals an meiner Vollkommenheit zweifeln?

Heute frage ich mich: Wie konnte ich jemals an meiner Vollkommenheit zweifeln? Wie konnte ich mich selbst nicht lieben? Bist auch du neugierig auf dich selbst und freust dich auf ein herzüberlaufendes Liebesgefühl für dich? Dann viel Freude mit Tool fünf.

TOOL FÜNF. FÜNFTE AKTIVIERUNG: SELBSTLIEBE

Übe dich darin, die Metaebene einzunehmen. Zu Anfang kann es helfen zu meditieren. Doch bemühe dich mit der Zeit, in allem, was du tust, einen meditativen Zustand einzunehmen. Sei dir bewusst, dass alles, was du denkst, tust und erschaffst, von Bedeutung ist. Kein

Gedanke, keine Tat geht jemals verloren. Alles ist miteinander verwoben und geht bis in die feinste Schwingungsebene in Resonanz mit allem, was ist.
Wisse, es ist wertvoll, wenn du das, was du tust, sagst und denkst, mit Bewusstheit tust. Die vormals unbewusste Achtlosigkeit wird dann automatisch durch Liebe, Wertschätzung und Respekt ersetzt. Ich bin mir sehr sicher, dass du dann auch sofort spürst, wie dein Leben plötzlichen Reichtum erfährt – auf welche Weise auch immer. Deine Werte werden sich verschieben und alles erhält eine tiefere Qualität. Wenn du das für eine Weile konsequent trainierst, wird es ein Lauffeuer der Selbstliebe entfachen.

Angst oder Stress?

Besonders wenn du ängstlich oder gestresst bist, atme, begib dich auf die Metaebene und sieh dich von außen, mit den verständnisvollen Augen einer dich liebenden höheren Wesenheit.

Dein **Einfluss** auf die **Wirklichkeit**

Schritt sechs:

Begegnung mit deiner Macht

DIE REISE DES HEILIGEN GAUNERS

Der Übergang von Tool fünf zu Tool sechs ist eine Reise, die uns durch unterschiedlich tiefe Gewässer führt. Ich nenne sie gern die Reise des heiligen Gauners. Der heilige Gauner ist ein göttlicher Aspekt, der dich glauben macht, auf der richtigen Fährte zu sein, während du es aber nicht bist. Dann wird er die Ordnung komplett durcheinanderwirbeln, um über Umwege sicherzustellen, dass du dein höchstmögliches Ziel doch erreichst. Er bringt die Weisheit des göttlichen Schwindels ein, um dich von deinen Fesseln zu lösen.

Tool sechs ist eine Entwicklungsphase, in der uns der heilige Gauner zuerst von Glück beseelt schwelgen lässt und uns dann in die Heilung unserer Schatten führt. Dieser Prozess löst nicht selten Heilung bis in unsere Ahnenlinie aus. Diese Reise kann mitunter etwas verwirrend wirken, doch Angst brauchst du keine zu haben. Du bist längst so weit, diesen Schritt zu meistern.

Wisse, das Leben macht keine Fehler
und ist immer für dich! Wenn du hier angelangt bist,
darfst du eine ganz besondere Reise antreten.

Mit Tool sechs steigen wir mit bereinigter Kraft auf, hinein in den Mut zu unserer wahren Größe. Du wirst in diesem Schritt begreifen, dass alles, aber auch wirklich alles, bis ins kleinste Detail, zu deinem allerhöchsten Wohle war, ist und sein wird.

Die aus Tool fünf mitgebrachte Selbstliebe und Bewusstheit ist das maßgebliche Fundament für Tool sechs. Alles, was hier passiert, geschieht wie durch magische Fügung, der wir uns nicht entziehen können. Die Aufforderung, etwas zu tun, zu verändern oder uns einer bestimmten Erfahrung zu stellen, ist so unmissverständlich, dass wir ihr »einfach« folgen. Wir sind in den Fluss des Lebens eingebettet und haben eine sehr klare Wahrnehmung für das, was sich für uns richtig und stimmig anfühlt, unabhängig von der Verstandeslogik. Wir sind offen für die Veränderung unserer gewohnten Abläufe, hin zu mehr Tiefe und Erfüllung. Wir sind bereit, nicht alles auf Sicherheit auszurichten, und beginnen, das Leben auf abenteuerliche Weise zu genießen. Oftmals fühlt es sich so an, als sei alles getragen und total im Flow. Wir genießen unsere innere Sicherheit, unsere Intuition und unseren Weitblick. Je länger wir diesen magischen Seinszustand erfahren, umso mehr erkennen wir unseren tatsächlichen Einfluss auf die Wirklichkeit.

WIRKLICHKEIT ALS FORMGEWORDENE MÖGLICHKEIT

Machen wir uns noch einmal bewusst, dass unsere Wirklichkeit aus der Möglichkeit entspringt. Wirklichkeit und Möglichkeit sind zwei Pole, die sich gegenseitig bedienen. Sie sind nicht voneinander zu trennen. Unsere Wirklichkeit ist also nur eine in Erscheinung getretene Gegenwärtigkeit, eine von vielen Möglichkeiten. Sind wir uns dessen bewusst, können wir leichter akzeptieren, dass wir sehr wohl einen Einfluss auf die Wirklichkeit haben, indem wir entsprechende Möglichkeiten wählen. Die Fülle der Möglichkeiten ist längst im heiligen Raum des Selbst angelegt. Ich nenne ihn auch den Raum des vollen Potenzials. Manifestation ist also nichts anderes als eine Wahl, eine Entscheidung für etwas, das in Erscheinung treten soll.
Es gibt unzählige Bücher über Manifestation und die entsprechenden Techniken. Doch hier gehen wir einen Schritt tiefer, denn um einen wirklichen Einfluss auf die Wirklichkeit zu nehmen, muss man zum Einfluss werden! Den wahren Einfluss auf die Wirklichkeit hast du über dein Sein, alles andere ist ein Spiel des Egos. Je mehr du dein höheres Bewusstsein präsent einnimmst und von dort aus agierst,

umso mehr erlebst du, wie du die Energien durch deine Wahl und deine Entscheidungen lenkst und beeinflusst.
Der Zustand dieses Seins ist vielen zu Anfang etwas unangenehm. Wir nehmen aus dem hohen Bewusstsein verstärkt wahr, dass uns unser eigenes Ego und auch unser spirituelles Ego ständig vor die Füße fällt. Ich bin keine Verfechterin des Non-Ego, im Gegenteil. Für mich ist das Ego notwendig für die Erfahrung als Person. Das Ego ermöglicht uns, die Welt und uns selbst so wahrzunehmen, wie wir das tun. Doch genau hier liegt das Problem, dass wir eben nicht mehr nur die Person sind, sondern wir haben nun auch einen konstant präsenten Metablick auf das Leben und die Zusammenhänge eingenommen. Somit fallen uns unsere Egomasken permanent auf (allerdings auch die unserer Mitmenschen). Hier kommt der heilige Gauner ins Spiel, er fordert uns noch mal auf, tief mit uns selbst zu arbeiten.
Betrachte diese Zeit wie eine Wochenbettphase, in der du gut versorgt wirst, damit du dich ausschließlich um das kleine Neugeborene kümmern kannst. Alle Menschen, die ich durch diese Phase begleiten darf, beginnen ganz automatisch, tief in sich hineinzuschauen und Heilung in ihre Vergangenheit zu bringen. Uns ist die Verwobenheit von allem in der Gleichzeitigkeit längst bewusst, sodass es einleuchtet: Wenn wir unsere Verletzungen heilen, leistet das einen großen Beitrag für die Welt. So sind wir bereit, unsere Liebe und Selbstliebe auch dort hineinzubringen, wo sie fehlt. Insbesondere in unsere verletzten Kinderseelen. Gönn dir in dieser Zeit viel Raum für dich. Diese Phase sollten wir so geborgen und stressfrei wie möglich gestalten. Wisse, es geht nicht darum, die ganzen alten Geschichten durchzukauen, sondern darum, zu fühlen, was unser inneres Kind fühlt. Warum es sich aus Angst und als Überlebensprogramm die ein oder andere Schutzmauer zugelegt hat.

Der Schmerz deines inneren Kindes

Immer wenn du einen Egoanteil bei dir erkennst, weißt du, dass es sich aller Wahrscheinlichkeit nach um eine kindliche Schutzmauer handelt. Schau genau hin, fühle tief in dich hinein. Warum reagiert dein inneres Kind? Welche Verletzung steckt dahinter?
Fühle den Schmerz einmal tief durch, damit du ihn wirklich erfasst, und lass dann aus der Metaebene deine Liebe in diese Verletzung fließen. Gib dir die Zeit, die es braucht, denn diese Phase ist sehr wichtig. Du wirst sehen, alle Energien kommen sanft wieder ins Fließen und du gebärst dein wahres Sein, ohne Masken und Schutzmauern.

AUTORITÄT ÜBER DIE ZEIT

Wir sind während dieser heilsamen Phase, die von vielen Verletzungen geprägt sein kann, wie ein rohes Ei. Wie ein kleiner Schmetterling, der noch nicht fliegen kann. Wie ein neu entstehendes Leben im Bauch seiner Mutter. Gib dich dem Prozess hin, es gibt nichts Wichtigeres. Alles andere kann warten, du wirst gerade neu definiert und neu geboren.
Wann diese Phase komplett abgeschlossen ist, merkst du ganz deutlich. Die Sonne strahlt etwas heller, die Luft duftet intensiver, die Vögel singen lauter und die Welt sieht freundlich und einladend aus. Du bist wieder da! Innerlich weise und achtsam, geläutert und demütig, neugierig und bereit für dein Glück. Dich selbst liebend und ruhig, doch voller Visionen für einen Neubeginn, der deinem wahren Sein entspricht. Du hast einen großen Teil deiner Vergangenheit in die Liebe transformiert und bist somit zur strahlenden Autorität über die Zeit geworden!

Als eine solche Autorität über die Zeit lösen wir uns von dem gängigen Ursache-Wirkungs-Prinzip, das in der linearen Denkweise verortet ist. Wir erfahren Zeit als ein zyklisches Prinzip, als eine Wesenheit, die sich in der Gleichzeitigkeit über Intensität und Qualität erlebt. Wenn wir das annehmen können, dann wird deutlich, dass es nicht nur möglich ist, die Gegenwart und die Zukunft zu beeinflussen, sondern auch in die Vergangenheit hineinzuwirken. Diese Annahme erlaubt es uns, das Gewesene mit anderen Augen zu sehen. Wir können Liebe und Wertschätzung in all die Missverständnisse hineinfließen lassen und somit auch einen Beitrag für unsere Vorfahren leisten. Jetzt können wir unsere leidvolle Geschichte endlich loslassen, sie freigeben und mit machtvoller Verantwortung in unser Leben eintreten. Nach dieser Phase der Heilung und des Loslassens steht uns unsere gesamte Autorität und Eigenverantwortung zur Verfügung.

Als dies bei mir eintrat,
erkannte ich mich selbst nicht wieder –
und doch war ich mir näher und vertrauter
als jemals zuvor.

Meine Entscheidungen wurden klarer und vor allem bestimmter. Ich erinnere mich gut daran, dass mein Umfeld anfangs sehr irritiert auf meine neu gewonnene Klarheit reagierte. Ich war nach wie vor liebevoll, doch sehr bestimmt und ohne Schnörkel. Keine Ausreden, kein Drumherum-Gerede. Sobald wir das Wirkprinzip unserer Einflussmacht als Haltung verinnerlicht haben, erübrigt sich jegliche Diskussion. Hier beginnt sich das Rad allmählich zu drehen. Ähnlich wie in dem beseelten Flow-Zustand zu Anfang dieses Kapitels kommt alles wieder in Fluss, nur dass wir jetzt selbst der Flow geworden sind.

DU BIST NICHT IM FLOW, DU BIST DER FLOW

Ab jetzt fühlt sich dieser Zustand nicht mehr so berauscht und beseelt an, sondern eher sehr irdisch und mit Weitblick. Wir spüren eine noch tiefere Verantwortung für unsere Visionen. Uns ist bewusst, dass alles, was wir visionieren, unsere nächste Erfahrungsebene repräsentieren wird, und wir berücksichtigen die Auswirkung auf das Gesamte.

Oftmals starten wir zu diesem Zeitpunkt mit unserer Berufung, bilden uns weiter oder beginnen neue Projekte. Unser Schaffensdrang und unser Mut sind voll aktiv. Die freigesetzte Energie erzeugt einen fast magischen Sog. Wir erleben uns spielerisch und nicht unbedingt auf das Ergebnis fixiert. Im klaren Wissen, dass alles so kommt, wie von uns angestrebt, nehmen wir die Aufgabenstellung, am Erschaffen aktiv mitzuwirken, gern an.

Wenn ich auf Hindernisse stoße oder vor großen Herausforderungen stehe, prüfe ich zuerst im Herzen, ob ich auf dem richtigen Weg bin. Wenn ja, nehme ich die Herausforderung an. Das gleicht oftmals einem Abenteuer, doch wegen der wissenden inneren Haltung, dass es stimmig ist, fügt sich in der Regel alles in eine höhere und deutlich bessere Ordnung.

So kommst du über dieses Tool in die Begegnung mit deiner Macht. Auch wenn es ein Prozess ist, der sich wahrscheinlich dein Leben lang beständig erweitert, wächst du nun in den Mut hinein, vollends zu deiner wahren Größe zu stehen und deinen Platz im Leben einzunehmen. Stück für Stück traust du dir mehr zu, deine Visionen werden immer um das Maß größer, in dem du bereit bist, die Verantwortung für dein Mitwirken an der Erschaffung zu tragen.

Das unterscheidet sich deutlich vom spirituell landläufigen Manifestieren. Hier wird nicht etwas beim Universum bestellt und dann abgewartet, im Gegenteil: Du hältst die Augen nach Aufgaben und Erfahrungen offen. Du wirst zu der Veränderung, die du anstrebst. Du bist zum Einfluss auf die Wirklichkeit geworden.

Ich liebe es, wenn die Teilnehmer meiner Ausbildung an diesem Punkt angelangt sind. Vor Kurzem gab es eine ganz besondere Erfahrung, die diesen Zauber etwas vermenschlicht. Monika hatte gerade ihre Ausbildung bei mir absolviert. Wir standen auch privat im Kontakt und pflegten einen offenen Umgang miteinander. Doch plötzlich war sie für ein paar Wochen von der Bildfläche verschwunden. Ich nahm an, dass sie etwas Ruhe braucht, und ließ sie gewähren. Eines Tages war sie wieder da und gestand mir lachend, sie wäre echt sauer auf mich gewesen. Jetzt hatte sie die Ausbildung bei mir absolviert und stände beruflich immer noch am gleichen Punkt. Die Ausbildung sollte ihr doch zu mehr wirtschaftlichem Erfolg verhelfen. Sie erzählte, sie hätte sich zurückgezogen, um mich nicht mit Vorwürfen zu bombardieren. Eine innere Stimme hatte ihr geraten, sie solle etwas warten und sich ihren Frust lieber in der Tiefe anschauen. Sie fuhr für diese Innenschau extra an die See. Es war perfekt: Wind, Wasser, Sand und Einsamkeit. Eingebettet in Spaziergänge mit viel Wind um der Nase heilte sie noch verborgene Kindheitsthemen. Befreit von allem Druck und den Missverständnissen ihrer Lebensgeschichte kam bei einem Strandspaziergang ganz plötzlich die Wahrheit ans Licht. Ihre erfolgsversprechende Berufung stand wie in Leuchtreklame vor ihrem geistigen Auge. Eine Berufung, die sie niemals erahnt hätte, weil sie vor allem keine Ahnung hatte, wie sie sie umsetzen sollte. Besonders das notwendige technische Know-how traute sie sich aufgrund ihres Alters nicht mehr zu. Technik und Internet waren, solange ich sie kenne, ein rotes Tuch für sie. Als ich sie mal an die Möglichkeiten des Internets heranführen wollte, sagte sie mit Nachdruck: »Linda, ich bin noch mit Telefonen großgeworden, die hingen an der Wand. Da war das Kabel so kurz, da konntest du dich vom Telefon nicht wegbewegen. Da stand man an der Wand und telefonierte. Bleib mir weg mit dem neumodischen Kram!«

Doch dieses Mal ging es um ihre Berufung. Sie war auf allen Ebenen ihres Seins elektrisiert. Wie sollte es auch anders sein, sie war ja längst verbunden mit ihrem Selbst. Sie hatte sich nur unbewusst geweigert, über ihren Tellerrand zu schauen und mit Mut zu ihrer wahren Größe aufzusteigen. Ich finde, das ist menschlich und auch wunderschön. Ganz ruhig und voller Verständnis für sich selbst und ihren Findungsprozess buchte sie nun einen Kurs, um die technischen Voraussetzungen zu erlernen. Heute leitet sie große, spirituell inspirierende Online-Kongresse. Sie bringt Menschen miteinander in Kontakt und verhilft ihnen in die Sichtbarkeit. Kompetent und mit einer unglaublichen Souveränität führt sie Interviews mit bekannten Persönlichkeiten und interessanten Experten. Sie vernetzt und verhilft den Informationen für die Neue Zeit in die Welt. Ein bedeutsamer Beitrag für die Ganzheit und ein Einfluss auf die Wirklichkeit.

RADIKAL KLAR

Wir machen uns viel zu oft klein, denn das haben wir so gelernt. Schuld, Scham, Angst oder Wut sind wesentliche Bestandteile jeder menschlichen Existenz. Als Person fällt es uns oft schwer, diese Bereiche zu überwinden, aus der höheren Perspektive unseres Seins können wir diese Gefühle jedoch in Mut verwandeln. Dein Sein braucht niemand anderen um eine Meinung zu fragen. Es ist in der Lage, ruhige und klare Entscheidungen zu treffen. Es ist bereit, lernend zu scheitern, doch auf jeden Fall wird es siegen, ob im ersten, im zweiten oder im dritten Anlauf. Es ist bereit, zu scheitern, da es für dein Sein kein Scheitern gibt. Scheitern existiert in der göttlichen Einheit nicht, da alles seinen perfekten Einfluss auf die Wirklichkeit hat. Welche Art von Einfluss es hat, entscheidet deine innere Haltung zum jeweiligen Geschehen. Wir können ein Scheitern als lehrreich ansehen, als gute Fügung des Schicksals und als Türöffner für eine Verbesserung. Als Erfahrung, die ausschließlich den Zweck hat, deinem höchsten Wohle zu dienen. Nimm diese innere Haltung ein bei allem, was dir widerfährt.

Wisse, du sendest in allem, was du bist, Energie aus. Sie hat die Frequenz deiner inneren Haltung und deiner Intention. Damit bist du als selbstwirksames Wesenein Teil der Schöpfungsintelligenz.

Als selbstwirksames Wesen hast du nun innere Sensoren aktiviert, die in unablässiger Suche nach deiner einflussnehmenden Wahrheit sind. Damit schließt sich die Tür zur einer Welt der Unbewusstheit für immer und du erfährst das Wunder des Schöpfungsprozesses. Es macht keinen Sinn mehr, nach Lügen Ausschau zu halten, wir suchen stattdessen die Wahrheit. Wir suchen nach Lösungen statt nach Fehlern. Wir suchen die Erkenntnis statt den Schuldigen.

Die Suche nach Wahrheit hat nichts Gehässiges an sich. Sie ist ehrliche Innenschau und will die Wahrheit, die in einer Erkenntnis liegt, wie einen Vulkan der Freude ausbrechen lassen. Ich denke gerade, während ich das mit dir teile, an meine Schwangerschaft und die Geburt meiner Tochter. Gute neun Monate Freude, Angst, Verzicht, Einschränkung, Hoffnung und Selbstaufgabe. Im Endspurt Schmerzen, noch mehr Angst und Kontrollverlust, um dann endlich dieses kleine Wunder aus meinem Körper hervorzubringen. Trotz der Strapazen war es ein Akt der Liebe, des Schutzes, des Vertrauens, der Hingabe, des Schenkens und des Beschenktwerdens. Ich habe während der Geburt die Hebamme und den Arzt angegriffen, habe geflucht und geschimpft, wie ich es mir sonst nie erlauben würde. Dabei habe ich zum ersten Mal am eigenen Leib erlebt, wie stark unser Feuer ist, wenn wir ganz pur in unserer Wahrheit verwurzelt sind.

Früher hab ich es akzeptiert, wenn jemand auf meinen Nerven herumgetrampelt ist, mir meine Zeit stahl und rumeierte. Wenn jemand Zugesagtes nicht einhielt, mich anlog und sich über mich stellte. Mit Bewusstsein Next Level ist das nicht mehr möglich. Wir erkennen die Sabotage bei uns selbst und auch bei anderen. Selbstlügen, Erklärungen und Rechtfertigungen verwenden wir nicht länger und hören sie uns auch nicht mehr von anderen an. Wir haben Verständnis und nehmen Rücksicht, aber wir haben einen Auftrag: mutig unsere wahre Größe zu leben. Wir sind still, ziehen weiter und sind uns unseres Einflusses auf die Wirklichkeit bewusst.

FEUERWERK DER FREUDE

Wir reden nicht mehr so viel. Reden ist in der Regel immer das Sprechen über Vergangenes. Menschen lieben es, über die Vergangenheit zu reden. Es scheint sie zu entlasten, da sie in dem Glauben leben, Vergangenes sowieso nicht mehr ändern zu können. Doch wenn wir das sechste Tool aktiviert haben, reden wir nicht gern über die Vergangenheit, sondern heilen sie. Wir wissen, dass sie nur ein Teil der Realität ist und auf unserer Art der Wahrnehmung basiert, auf unserem rein persönlichen Bewerten. Wenn wir reden, visionieren wir. Wenn wir uns austauschen, entsteht ein Feuerwerk der Ideen und der lebendigen Freude. Uns ist bewusst, dass die Art der Kommunikation neue Realitäten ermöglicht.

Kannst du spüren, was dein
Bewusstsein Next Level für eine Kraft hat?

Vor ungefähr sechs Monaten visionierte ich mit meinen engsten Freunden, die auch gleichzeitig Teil meines beruflichen Teams sind. Wir lachten, kochten, tanzten miteinander und ließen der Vision, die wir für eine neue Ausbildung hatten, freien Raum. Ich brachte ein, dass wir für die Realisierung unbedingt einen Fachmann für Finanzen bräuchten, der uns über Möglichkeiten aufklärt und unterstützt. Fachleute in Sachen Finanzen kenne ich allerdings keine, wir sprechen einfach nicht die gleiche Sprache und meine bisherigen Erfahrungen diesbezüglich fühlten sich für mich nicht vertrauenswürdig an. Doch an diesem Abend habe ich in mein Bewusstsein einen Berater eingeladen, der zu mir passt. Wie habe ich das gemacht? Ich habe mich für diese Möglichkeit geöffnet, indem ich einfach Ja gesagt habe. Ich wusste intuitiv, was es braucht, und ließ die Intuition ganz entspannt zu Gedanken werden. Ich aktivierte ein vertrauensvolles Gefühl des Gelingens in meinem Herzen und verband es mit meiner großen Freude auf das anstehende Projekt.

Kurz darauf meldete sich ein Mann zur Teilnahme an einer meiner spirituellen Ausbildungen an. Hauptberuflich ist er Finanzplaner. Im Laufe der Ausbildung stellte sich heraus, dass wir die gleiche Sprache sprechen, er gute Werte vertritt und ein Freigeist ist. Es hat sich gefunden, was es braucht, um die Vision entstehen zu lassen. Wir arbeiten mittlerweile zusammen, ich konnte ihn auch als Dozent für die Teilnehmer meiner Ausbildung gewinnen und wir sind gute Freunde geworden.

Ich habe mich für die Möglichkeit geöffnet,
indem ich einfach Ja gesagt habe.

TOOL SECHS. SECHSTE AKTIVIERUNG: MUT ZUR WAHREN GRÖSSE

Unser Einfluss auf die Wirklichkeit ist viel größer und umfassender, als uns im Allgemeinen bewusst ist. Wir erinnern uns: Du selbst bist der gigantische, endlose Raum, in dem sich alles abspielt. Diese Wahrheit erstreckt sich weit über dein menschliches Sein hinaus. Als Selbst bist du alles, was existiert. Es gibt nichts, das das Selbst nicht ist. Das können wir als abstrakte Vorstellung verbuchen oder auch als eine Annahme, die mit uns in Resonanz geht. Doch den wenigsten ist bewusst, dass sich diese Philosophie auch auf uns als menschliches Wesen übertragen lässt.

Du kooperierst als menschliches Wesen mit dem Selbst.

Das Selbst oder das Bewusstsein ist eins. Nicht nur, dass es ein- und dasselbe ist, sondern es gibt nur das Eine Bewusstsein. Das Eine Bewusstsein, das in sich unbegrenzt teilbar ist. Du bist als menschliches Wesen jedoch kein Bruchstück des Bewusstseins, sondern beinhaltest wie ein Hologramm alle Eigenschaften und Informationen dieses göttlichen Selbst. Alles, was du erlebst und wahrnimmst, ist die Kreation des Selbst, das du bist.

Du selbst projizierst wiederum Hologramme. Mit jeder deiner Handlungen, mit jedem Gefühl und mit jedem Gedanken projizierst du deine Eigenschaften und Informationen. Du erzeugst somit unzählige Ereignisse, die der Frequenz deiner Schwingung entsprechen. Wir Menschen sind von dieser Fähigkeit nicht entkoppelt, wir können uns dieser Fähigkeit nicht mal entledigen. Vielleicht finden wir hier auch den tieferen Sinn unserer Existenz. Wir sind auch als Mensch Schöpfer. Wir sind als Bestandteil der Schöpfung selbstwirksam mitschöpfend. Das, was wir sind, bestimmt das, was wir erschaffen.

LASS DAS FEUERWERK SPRÜHEN

Bewusstsein ist ein riesiges kosmisches Feuerwerk, das sich in Wellen der Ekstase immer wieder aufbaut und entlädt. Es strebt in alle Richtungen und potenziert sich in rasender Geschwindigkeit. Manifestation beginnt in dem Moment, wenn sich Bewusstsein teilt, in seine

Kreationen eintaucht und sich darin selbst erfährt. Sterben, Auflösung oder Zerfall nennen wir dann den Prozess, wenn sich das Bewusstsein wieder aus der Erfahrung oder der Materie zurückzieht.

Das kann uns deutlich machen, dass auch unser menschliches Bewusstsein einen großen Einfluss auf die entstehende Wirklichkeit hat. Unser menschliches Bewusstsein ist nicht vom All-Einen Bewusstsein getrennt, es ist nicht von der Wirkmacht des Projizierens entbunden. Einzig unser Fokus ist auf die persönliche Erfahrung gelenkt. Alles, was wir denken, fühlen und tun, kann somit als Samenkorn angesehen werden, das aufgehen und entsprechende Früchte tragen wird.

Doch auch wenn wir Dinge tun oder unterlassen, obwohl wir wissen, dass es falsch ist, bringt das bemerkenswerte Früchte hervor. Eine besondere Wirkung haben unsere »Missetaten« auf unsere Kinder oder Tiere oder generell auf unser nahes Umfeld. Warum ist das so? Das Leben strebt nach Ausgleich, nach Balance. Bei denen, die wir lieben, sind wir am ehesten emotional berührt, wenn wir sie leiden sehen. Meist ist uns dabei nicht bewusst, dass wir selbst einen Teil dieses Leides erzeugt haben. Wir können ihr Leid nicht mit unseren Missetaten in Verbindung bringen. Jedoch versorgen wir unsere Liebsten, kümmern uns um sie und befassen uns somit heilend mit der Konsequenz unserer Handlung oder Nichthandlung.

Unsere Kinder, Mitmenschen und Tiere tragen somit manchmal etwas für uns aus. Dadurch haben wir die Chance, unsere Liebe ins Feld hineinzubringen, was wir zuvor nicht getan haben. Diese Erkenntnis soll keinen Druck erzeugen, sondern dich motivieren, konsequent nach deiner tiefsten Herzenswahrheit zu handeln. Es gibt keine Schuld, alles ist längst verziehen, da es nichts zu verzeihen gibt. Doch bist du an diesem Punkt des Buches so weit, deinen Einfluss auf die Wirklichkeit bewusst in die Hand zu nehmen.

Unsere Gedankenströme sind in der Regel unkontrollierte und unbewusste Abläufe, die über unsere Gefühle, Bewertungen und unser Handeln einen Einfluss auf unsere Realität nehmen. Unsere Gedanken sind stark geprägt von unseren Erlebnissen aus der Vergangenheit, aus unserer Erziehung, unserer Umgebung und dem, was wir gehört und über die Medien konsumiert haben. Unbewusst im Denken zu sein, macht uns zu reaktionären Marionetten der Lebensumstände. Bewusstes, auf einen klaren Fokus gerichtetes Denken hingegen lässt uns einen Einfluss auf die Wirklichkeit nehmen.

Fokussiert denken

Lass dein wahrhaftiges Sein fokussiert in die Wirklichkeit einfließen. Verbringe jeden Tag etwas Zeit damit, dass du deine Aufmerksamkeit fokussierst. Nicht nur in einer meditativen Umgebung für eine Zeit am Stück, sondern auch für kürzere Momente im Laufe deines Tages. Über dich darin, für kurze Augenblicke deine automatisierte Denkzeit durch bewusst fokussierte Denkzeit zu ersetzen. Lass deine Gedanken nicht herumwandern, sondern führe sie bewusst. Du wirst sehen, dass das zu Anfang gar nicht so leicht ist. Es wird jedoch für dein Bewusstsein und deine Lebensqualität einen bedeutsamen Unterschied machen.

Werde zum Magneten für die Neue Zeit

Schritt sieben:

So dienst du der Schöpferkraft

ZUM GÖTTLICHEN GEFÄSS WERDEN

Haben wir Tool sechs gemeistert, steht uns das Schwerste und gleichzeitig Schönste bevor. Wir werden zum göttlichen Gefäß. Bis hierher hast du dich davon gelöst, ein Opfer der Verkettung von Umständen zu sein. Du bist zu einem wertvollen Glied in der Schöpferkette geworden und kannst bewusst auf die Wirklichkeit einwirken. Du nutzt deine Fähigkeiten, reagierst neuartig und bewertest das, was dir begegnet, anders als zuvor. Du hast ein Selbstbild erworben, das weit über dich als Person hinausgeht.

Mit Schritt sieben kann es dir gelingen, in eine gigantische Transformation überzugehen, die dich zu einem reinen Kanal für das Göttliche macht. Alles bis hierher Erworbene hat deine vorherige Unbewusstheit durch Bewusstheit und Selbstermächtigung ersetzt. Die Alltagsmomente, in denen du früher nicht wirklich präsent warst, werden nun mit deiner Präsenz gefüllt. Du wirst sehen, diese Art des Seins wird immer mehr zu deinem Normalzustand werden, für den du dich kaum noch anstrengen musst. Dein Verstand und deine Psyche arbeiten nicht mehr gegen dich, sondern fügen sich harmonisch in dein Menschbewusstsein ein. Jetzt ist es möglich, tatsächlich zum göttlichen Gefäß zu werden.

Mach dir dafür als Grundlage bewusst, dass die Schöpfung ein energetischer Informationsstrom ist. Für ein besseres Verständnis erlaube ich mir hier, die lineare Beschreibung zu wählen. Vielleicht möchtest du dir diesen Schöpfungsenergiestrom wie einen Lichtstrahl vorstellen. Dieser Strahl durchdringt alle Ebenen deines Seins vom nichtstofflichen über den feinstofflichen bis hin zum stofflichen Bereich deines körperlichen Wesens. Doch hört dieser Strahl hier auf? Warum sollte bei der Körperlichkeit Schluss sein? Wäre das nicht unlogisch? Das landläufige Verständnis unterliegt der irrigen Annahme, dass der Prozess abgeschlossen ist, sobald etwas erschaffen wurde. Wir krebsen durch unser Leben auf der ewigen Suche nach Erfüllung und Sinn. Doch wir selbst sind dieser Sinn, als integrativer Teil der Schöpfung. Wir sind Energiewesen, die unaufhörlich Energie produzieren, aussenden und aus ihr erschaffen, auch wenn uns diese Tatsache selten bewusst ist. Denk dir in deiner Vorstellung den Schöpfungslichtstrahl weiter. Nimm wahr, wie dieses Licht aus deinen Händen fließt, aus deinem Herzen, aus jeder Zelle deines Körpers. Ein Energiestrahl, gefüllt mit Informationen, deinen Informationen. Du kannst die Energie sogar fühlen, wenn du spürig bist.

Energie spüren

- Schließ deine Augen und versuche, zunächst deine Hände wahrzunehmen. Versuche, sie von innen zu spüren.
- Wenn dir das gelungen ist, öffne deine Augen und führe deine Hände mit den Handflächen zueinander vor dein Gesicht. Lass ein bisschen Abstand, so, als ob du einen Ball zwischen den Händen halten würdest. Fühle, wie sich deine Handflächen anfühlen.
- Jetzt bewege ganz langsam beide Handflächen aufeinander zu und spüre, wie sich die Energie zwischen deinen Händen anfühlt. Je näher sich deine Hände kommen, umso intensiver müsstest du die Energie fühlen. Lass eine kleine Lücke zwischen den Handflächen, sodass sie sich nicht berühren. Fühle einfach nur die Energie.
- Jetzt konzentriere deinen Blick auf die Lücke und stell deine Augen leicht unscharf. Mit ein bisschen Übung wirst du die Energie sogar sehen können.

Alles, was du berührst, fasst du nicht nur an, sondern du überträgt deine Energie. Immer! Die Frage ist daher: Welche Qualität hat deine Energie? Ist sie gestresst, unbewusst, liebevoll, achtsam, wertschätzend? Alles, was du tust, sagst, denkst und fühlst, trägt deine Energiesignatur und sendet sich schöpferisch aus. Immer!

DIENST AN DER SCHÖPFUNG

In diesem Kapitel gehen wir einen Schritt weiter. Wir wollen erreichen, dass nicht nur unsere Energieinformation von uns ausgesendet wird, sondern dass die reine göttliche Energie ohne Informationsverlust in uns und durch uns wirkt. Bestimmt kennst du den Teil aus dem »Vater unser«-Gebet: »Dein Wille geschehe.« Jetzt wird daraus: »Dein Wille geschehe durch mich.« Oder: »Dein Wille geschehe durch meinen Willen.« Das lässt dich zum göttlichen Gefäß werden. Unser eigener Wille verstopft nicht länger den Kanal, sondern wir lassen Gott durch uns fließen und übergeben uns dem Dienst an der Schöpfung. Das erhöht unsere Frequenz um ein Vielfaches und wie du mittlerweile weißt, geschieht Manifestation über Frequenzangleichung. Wir werden zum Magneten für die Neue Zeit.

> Werden wir zum göttlichen Gefäß,
> lassen wir unsere letzten Anhaftungen los,
> ergeben uns in eine Metamorphose und
> werden zum reinen Kanal.

Mit dem Entschluss, dieses Buch zu schreiben, offenbarte sich mir umgehend das Inhaltsverzeichnis. Als ich den Punkt »Göttliches Gefäß« niederschrieb, klopfte mein Herz bis zum Hals. Ich spürte mit jeder Faser meines Körpers, dass es sich hier um etwas Gigantisches handeln würde, von dem ich zu diesem Zeitpunkt noch keinen blassen Schimmer hatte. Um die Erfahrung zu machen, zum göttlichen Gefäß zu werden, erlebte ich etwas, was all meine mich einschränkenden Ketten sprengte. Ich habe lange überlegt, ob ich diese Erfahrung in diesem Buch mit dir teile, da sie nicht notwendig ist, um zum göttliches Gefäß zu werden. Doch ich habe mich dafür entschieden. Denn ich wurde für die Einweihung auf diesen Weg der Erfahrung geführt, um den Prozess verstehen zu können und ihn dann in eine Lehre, in ein Tool zu übersetzen. Das ist ein Teil meiner Aufgabe hier in dieser Inkarnation. Meine Geschichte kann dir als Inspiration dienen, deinen eigenen Prozess besser zu verstehen und ihn mit Hingabe zu vollziehen. Wahrscheinlich wirst du sanfter und langsamer durch diese wertvolle Transformation gleiten, als ich es tat.

Eines Tages war es so weit, meine Curandera rief mich zu sich. Wir sollten mit der stärksten Medizin der Welt, die aus der Sonora-Wüste in Mexiko kommt, arbeiten. Angesichts der Umstände in unserer Welt, des Leids, das wir Menschen durch unser begrenztes Bewusstsein erschaffen, wurden wir gerufen. Wir sollten den Erwachensprozess in das nächste Bewusstseinslevel hinein stellvertretend für die Menschheit durchleben, um einen markanten Einfluss auf die weitere Entwicklung nehmen zu können. Wenn ich sage »wir wurden gerufen«, ist das auf einer höheren Ebene zu verstehen. Es handelt sich um einen Ruf, der über das Herz vernehmbar ist. Er scheint aus unserer Seele, aus dem Geist und aus dem Selbst zu kommen. Für das, was ich im Folgenden beschreibe, entscheidet man sich nicht aus dem Verstand heraus. Niemand sucht solch eine Erfahrung freiwillig aus Spaß oder Neugierde. Selbst wenn es so wäre, würden »zufällige« Umstände die Erfahrung verhindern. Zu solch einer Erfahrung kann man sich nicht selbst einladen, sondern man wird vom Selbst »einberufen«.

Wir, eine Gruppe von anfänglich zehn, später dann vierzig Menschen, inklusive der Curandera und ihren Helfern, betraten das Feld des göttlichen Potenzials. Das beinhaltet eine tiefgreifende Begegnung mit dem Selbst, die es erlaubt, mit ihm zu verschmelzen und eins mit ihm zu werden. Es war ein Liebesdienst an der Schöpfung, ein Liebesdienst an dir und an mir. Es ist schwer, es zu beschreiben, da die Worte, die es dafür bräuchte, wohl noch nicht existieren. Dennoch kannst du dich vom Folgenden dazu inspirieren lassen, dich und die Welt mit anderen Augen zu sehen und selbst zum göttlichen Gefäß zu erwachen.

Wir arbeiteten mit einem Sekret der Wüstenkröte, das auch das Gottesmolekül genannt wird. Die Erfahrung ist eine der mächtigsten spirituellen Einweihungen, sehr genau und präzise in ihrer Klarheit und Wahrheit. Ich teile sie mit dir in der Ich-Form, da sie jeder Mitwirkende auf seine eigene Art ausdrücken und wiedergeben würde. Öffne dein Herz, wenn du magst, und lass dich von meinen Worten führen.

In dieser Erfahrung, von der ich gleich noch genauer berichten werde, wurde ich zur reinen Präsenz meines höchsten Seins. Mir war zu diesem Zeitpunkt längst bewusst, dass Gedanken und Anhaftungen unser Gefängnis sind. Unsere beschränkte Wahrnehmung bindet uns an diese irdische Realität. Dagegen ist nichts einzuwenden, ich persönlich liebe dieses irdische Leben mit all den Sinneserfahrungen. Doch stelle ich mir die Frage: Wie oft sind wir schon gestorben? Wir haben Welten vergehen sehen und sind immer noch da. Wer oder was sind wir wirklich? Wir spielen ein wundervolles Spiel, das wir als ausschließliche Realität erachten. Wir tanzen durch die Welt der Anhaftungen und der selbst kreierten Dramen und wissen nicht mehr, wer wir sind.

Während der Reise zu meinem Selbst begegnete ich der hohen Intelligenz, die das Spiel hier auf unserer schönen beseelten Erde ermöglicht. Diese hohe Intelligenz schlägt seit geraumer Zeit universelle Klangschalen an, um uns durch die davon erzeugte Frequenz zu wecken. Denn es ist Zeit, das Spiel zu beenden, es wartet etwas Neues auf uns. Die Klänge erfolgen in immer kürzeren Abständen und werden immer lauter. Die Frequenzen erhöhen sich infolgedessen und die Luft, die Erde und der Äther scheinen zu vibrieren. Diese Vibration überträgt sich auf alles, was ist.

Für unser Ritual versammelten wir uns draußen auf einer Waldlichtung. Das gute Wetter war ein Geschenk an uns. Diese heilige Zeremonie mitten in der Natur durchführen zu dürfen, ist elementar heilsam. Wir zentrierten uns und begaben uns nacheinander bewusst in den Prozess hinein, während die anderen den Raum für denjenigen hielten, der die Reise zum Selbst antrat. Als ich an der Reihe war, nahm ich die heilige Medizin und binnen Sekunden löste sich meine Umgebung auf, die gesamte Existenz und Linda Giese gab es nicht mehr. Alles verschwand einfach, da sich die Grenzen des Getrennten verflüssigten und ich eins wurde mit dem Schöpfer. Ich fiel und fiel immer tiefer in den Schöpfer hinein. Dieses Fallenlassen empfinde ich im Nachhinein als einen meiner größten Liebesbeweise an die Schöpfung. Und als menschliches Bewusstsein ist es wohl die größte Leistung, die ich jemals erlebt und vollbracht habe.
Ich wurde zu all seiner Größe, seinen Facetten und Dimensionen, während mein Körper zu explodieren schien und sich aufbäumte. Er schrie, überwältigt von der nicht fassbaren Größe meines Seins, er kämpfte und versuchte das Unmögliche: die Kontrolle zu behalten. All meine Identifikationen ergaben keinen Sinn mehr. Ich ging weit über die Dimension der feinstofflichen Wesenheiten hinaus, bis hin zu der abstrakten und fraktalen Ebene, die ich das Selbst und die Schöpfung nenne. Die Erfahrung, das Selbst und somit der Schöpfungsakt zu sein, lässt sich am ehesten beschreiben als ein rasanter, gewaltiger, explosiver, unaufhörlicher, Multiversen und Dimensionen erschaffender Orgasmus. Eine sexuelle Lebenskraft, die unbeschreiblich mächtig ist. Diese Kraft erzeugt durch ihre Dynamik einen gewaltigen Klang, der das gesamte akustische Spektrum beinhaltet. Und gleichzeitig ist es still, sanft, tragend, liebend, weich.
In jede Facette, in jedes Pixel des Schöpfers eintauchend, eröffneten sich mir weitere Dimensionen und Multiversen. Jede einzelne Dimension gebärt in sich selbst wiederum Multiversen und Dimensionen, die jeweils wiederum in sich Multiversen und Dimensionen erschaffen.

Ich implodierte ins Kleinste hinein und explodierte gleichzeitig in die schier nicht auszuhaltende, grenzenlose, ewigliche Unendlichkeit. Für diese Erfahrung löste sich mein persönliches Ich unzählige Male auf. Jeder Gedanke, jede Anhaftung, jede Definition und Benennung starb, ein unkontrollierbarer Akt der Hingabe. Es gab nichts, was eine Wahl hatte, außer sich hingebend aufzulösen. Ich fühlte unerträgliche Widerstände gegen dieses Auflösen und auch wenn ich weder denken noch etwas benennen konnte, würde ich es im Nachhinein als einen Todeskampf ins Erwachen hinein bezeichnen.

Bis ich endlich alles losgelassen hatte und mich der gewaltigen, nicht zu beschreibenden Größe hingeben konnte. Mich ergießen konnte in die Unendlichkeit, in alles, was ist. Ich nahm jedes existierende Gefühl wie ein Feuerwerk in mich auf und explodierte wiederum in jedes Gefühl hinein, Millionen und Abermillionen Mal. Bis ich zur Entladung aller existierenden Energien gleichzeitig wurde. In das hinein, was ist: die Liebe. Die Liebe, die ich selbst bin. Die Liebe, die wir alle sind. Jeder Einzelne von uns und alles, was existiert.

Es war die Liebe, die mich ganz sanft auch wieder zurück in meinen Körper hinein führte. Ich erlebte ein multidimensionales Sterben und eine sanfte Wiedergeburt als Individuum, das ich nun die verkörperte Liebe nenne. Frei von Fragen und Anhaftungen, geborgen und eins mit dem Fluss des Lebens. Existierend in dieser Welt, doch nicht von dieser Welt. Ich kam zu mir, nackt im Kreis der Teilnehmer. Meiner Kleidung hatte ich mich während des Prozesses entledigt, und es fühlte sich als das Natürlichste der Welt an, nackt wie ein Baby im Kreise mir Geborgenheit schenkender Menschen geboren zu werden. Menschen, die ich vor der Zeremonie noch nie gesehen hatte und mit denen ich jetzt nackt die tiefste Essenz meines Seins teilte. Schutzlos, verletzlich, getragen, geborgen. Liebe!

Nun weiß ich ganz tief in mir, dass wir keine Angst vor dem Sterben haben, sondern Angst davor, uns der Liebe hinzugeben. Einer Liebe, die so groß ist, dass sie alle unsere Ketten sprengt. Eine Liebe, die uns

die ganze Zeit schon trägt und bedingungslos in allem existiert. Eine Liebe, von der wir selbst uns trennen, da wir die Sicherheit in äußeren Dingen suchen.
Wir sind eine Menschheit, die schreit, ausbeutet, sich verzweifelt an Macht, Gier und Wissenschaft klammert, Kontrolle auf andere ausübt, sich ablenkt, sich betäubt, sich gegenseitig bekämpft, sich in Angst und Opfersein gefangen hält – nur um nicht in die Liebe hinein zu sterben. Ich verstehe das. Ich habe tiefes Verständnis und Mitgefühl. Erwachen kann ein verzweifelter Todeskampf sein, besonders wenn wir stark mit der Körperlichkeit und der Welt der Materie identifiziert sind. Dann verschließen wir unser nährendes Herz. Die angstvollen Gedanken müssen sterben, wenn wir der Liebe vertrauen. Erwachen ist definitiv keine spirituelle Nabelschau und keine Selbstbeweihräucherung. Sich fallenzulassen, loslassen und sich hinzugeben, das steht für jene von uns an, die berufen sind, zum göttlichen Gefäß zu werden.

All das, was auf unserer Welt geschieht,
ist der Todeskampf gegen das Erwachen.

Alle Probleme und Ängste in deinem Leben sind ein Angebot an dich, aus dem Spiel der Getrenntheit zu erwachen. Bereit zu sein für etwas viel, viel Größeres, als deine bisherige Wahrnehmung und dein Verstand gelernt haben. Vielleicht magst du dich an meine Worte erinnern, wenn es unerträglich ist oder wird. In der Unerträglichkeit ist das Tor zur Liebe weit für dich geöffnet. Hindurchzugehen ist ein innerer Prozess und er erfordert Vertrauen und den Mut, alle Widerstände in dir aufzugeben und Ja zu dem zu sagen, was ist.
Wir arbeiteten noch weitere drei Nächte mit Madre Medicina, einer Pflanze aus dem Dschungel, um die gigantische Weite und Tiefe unserer Erfahrung zu integrieren und aus ihr die Neue Welt zu gebären. Wir wirkten dafür, sie zu besiedeln und Liebe, Frieden, Gesundheit und

Wohlstand für alle Lebewesen der Neuen Erde zu manifestieren. Wir wurden selbst zum Frieden, zur Gesundheit, wir wurden zur Liebe. Es waren drei Nächte, in denen wir uns dem Vertrauen hingaben, bis die letztmögliche Angst in unserem Zellgedächtnis und unserem Bewusstsein geheilt war.

Innere Widerstände erzeugen äußere Widerstände

Mit Schritt sieben beginnt eine intensive Phase der Aufmerksamkeit. Beobachte dich und spüre jede noch so kleine Nuance in dir auf, die mit irgendetwas im Widerstand ist. Jeder Widerstand verstopft deinen Kanal und verhindert, dass die göttliche Information durch dich wirken kann. Beziehe auch deine Einstellung zu deiner Vergangenheit mit ein. Und achte darauf, ob Wünsche in deinem Leben vorhanden sind, die auf einem versteckten Widerstand gegen das, was ist, beruhen. Lass alle Widerstände los und sag Ja zum Leben. Sei in Akzeptanz und in Freude.

Wir, du und ich und alle anderen, wir sind der alles erschaffende Schöpfer. Jeder Gedanke, jedes Gefühl, jede Tat schafft Universen der Erfahrungsebenen. Sei achtsam und bewusst, übernimm eigenständig Verantwortung. Du wirst alles von dir Erschaffene erfahren und durchleben, auf deiner ewigen Reise durch das Geheimnis deines unendlichen Seins. Alle miteinander bilden wir das kosmische Herz der Liebe. Eine Liebe, die machtvoll alles Erschaffene beseelt und trägt, verzeiht, versteht, korrigiert und geduldig heilen lässt. Gemeinsam bilden wir das Gewebe des kosmischen Herzens, ein Netz, das uns miteinander verbindet und uns dient. Beuten wir Teile dieses Netzes aus, benachteiligen wir, übervorteilen wir, belügen, berauben, bekämpfen und verurteilen wir, schwächen wir uns selbst. Wir schwächen das Gewebe, das uns trägt. Ohne dieses Netz ist Leben nicht möglich – und das bindet auch die Tiere und die Natur mit ein.

DER WEG DER WASSERKÄFER

Vier Tage und Nächte war ich auf der Reise durch die Geheimnisse der Schöpfung, als Mensch und als reines Bewusstsein. Auch als ich nach Hause kam, war ich immer noch zu groß für meinen Körper. Mein Bewusstsein war mit allem, was mich umgab, verbunden. Eine Freundin, die ebenfalls bei der Bewusstseinsarbeit dabei gewesen war, übernachtete noch bei mir und wir begleiteten uns gegenseitig dabei, in dieser Welt richtig zu landen. Am nächsten Morgen stieg Unwohlsein in mir hoch, denn ich wusste, dass ich in diesem Zustand der hohen Wahrnehmung ab jetzt allein sein würde. Das machte mich kurzfristig nervös. Ich wusste nicht, wo ich mich lassen sollte, und lief im Garten wie ein Tiger im Käfig hin und her. Ich wollte einfach wieder in meinen alten, mir Sicherheit und Stabilität vermittelnden Linda-Zustand zurück. Es war für mein notwendig geglaubtes Alltagsbewusstsein beängstigend, alles zu sein. Jede Pflanze, jeder Stein, jedes Geräusch, jede Farbe – nichts mehr war von mir getrennt. Ich schien mich in allem zu bewegen und zu entfalten.

> Die Welt ist für mich seitdem wirklich voll von lebendigen Farben, sichtbaren Energien und Geräuschen. Ich höre die Pflanzen, die Tiere, die Gedanken anderer und vieles mehr.

Irgendwann ließ ich mich an meinem kleinen Teich nieder und kam zur Ruhe. Ich beobachtete die vielen Bienen, die an den Wasserpflanzen naschten. Noch nie hatte ich gesehen, wie viel Reichtum mein kleiner Teich bietet. So viele Bienen und Tiere leben in und an dieser Oase des Friedens. Ich beobachtete die hübschen bunten Libellen auf den Seerosenblättern, ihre Eleganz, ihre Leichtigkeit und Achtsamkeit. Da fiel es mir wie Schuppen von den Augen und ich brach in Tränen aus. Ich weinte im Arm meiner Freundin und kriegte mich gar nicht mehr ein. Sie hielt mich und fragte mich irgendwann, ob ich mit ihr teilen möchte, warum ich weine, und ich erzählte ihr weinend und gleichzeitig voller Freude die Geschichte der Wasserkäfer, deren Verfasser mir leider unbekannt ist:

Am Boden eines kleinen, ruhigen Teiches lebte eine Gemeinschaft von glücklichen Wasserkäfern. Sie waren damit beschäftigt, über den Schlamm am Boden des Teiches hin und her zu laufen und nach Nahrung zu suchen. Immer wieder bemerkten die Wasserkäfer jedoch, dass der eine oder andere von ihnen anscheinend das Interesse verlor, bei ihnen zu bleiben. Er klammerte sich dann an den Stängel einer Seerose und kroch langsam daran empor, bis er verschwunden war. Dann wurde er nie wieder gesehen.

Eines Tages, als dies wieder geschah, sagten die Wasserkäfer zueinander: »Da klettert wieder einer unserer Freunde den Stängel empor. Wohin mag er wohl gehen?« Doch obwohl sie genau zuschauten, entschwand auch dieses Mal der Freund aus ihren Augen. Die Zurückgebliebenen warteten noch eine Zeit, aber er kam nicht zurück. »Ist das nicht merkwürdig?«, sagte der erste Wasserkäfer. »War er denn nicht glücklich hier bei uns?«, fragte der zweite. »Wo er jetzt wohl ist?«, wunderte sich der dritte. Keiner wusste eine Antwort. Sie standen vor einem Rätsel.

Schließlich berief der älteste der Käfer eine Versammlung ein. »Ich habe eine Idee«, sagte er. »Der Nächste von uns, der den Seerosenstängel emporklettert, muss versprechen, dass er zurückkommt und uns erzählt, wohin er gegangen ist und warum.« »Wir versprechen es alle«, sagten die Käfer feierlich.

Nicht lange danach, an einem Frühlingstag, bemerkte ausgerechnet der Wasserkäfer, der den Vorschlag gemacht hatte, dass er selbst dabei war, den Seerosenstängel emporzuklettern. Höher und immer höher kletterte er. Und dann, noch bevor er wusste, wie ihm geschah, durchbrach er die Wasseroberfläche und fiel auf ein großes, grünes Seerosenblatt. Als er wieder zu sich kam, blickte er verwundert um sich. Er konnte nicht glauben, was er da sah. Alles war ganz anders und auch sein Körper schien auf merkwürdige Art verändert. Als er ihn neugierig zu betrachten begann, fiel sein Blick auf vier glitzernde Flügel und einen langen Hinterleib, die nun anscheinend zu ihm gehörten. Noch während er sich über seine ungewohnte Form wunderte, spürte er ein Drängen, diese Flügel zu bewegen. Er gab dem Drängen nach – und plötzlich, ohne zu wissen, wie, befand er sich in der Luft. Auf und ab, in engen und großen Kreisen bewegte sich die neugeborene Libelle durch die Luft. Sie fühlte sich wunderbar in diesem so ganz andersartigen Element. Nach einiger Zeit ließ sie sich auf einem Blatt zum Ausruhen nieder. In dem Moment sah die Libelle hinunter ins Wasser. Und da waren ihre alten Freunde, die Wasserkäfer, die am Boden des Teiches hin und her liefen. Jetzt erinnerte sie sich an ihr Versprechen. Ohne lange zu überlegen, stürzte sie sich hinab, um ihren alten Freunden von ihrem Erlebnis zu berichten. Aber sie prallte an der Oberfläche des Wassers ab, sie konnte nicht hineintauchen.

»Ich kann nicht zurück«, stellte sie traurig fest. »Zwar habe ich es versucht, aber ich kann mein Versprechen nicht halten. Und selbst wenn ich zurück könnte, kein einziger meiner Freunde würde mich in meinem neuen Körper wiedererkennen.« Nach einigem Nachdenken wurde ihr klar: »Ich muss wohl warten, bis sie ebenfalls Libellen geworden sind. Dann wissen sie selbst, was mir widerfahren ist und wohin ich gegangen bin.« Und damit flog die Libelle glücklich empor, in ihre wunderbare neue Welt aus Licht und Luft.

Auch ich konnte offenbar nicht mehr zurück in meinen Wasserkäferkörper, ich war zur Libelle geworden. Als mir das bewusst wurde, waren Ruhe und Frieden in mir. In diesem Moment schloss sich der Prozess in Gänze ab. Ich bin in die neue Welt und in einen neuen Körper hineingeboren. Ich kann nicht mehr zurück in die vertraute Dimension der begrenzten Wahrnehmung. Doch halte ich hiermit mein Versprechen und berichte dir davon. Ich erzähle nicht, wie es hier in dieser Neuen Welt aussieht. Das wäre dir nicht dienlich, es würde dir nur als spirituelles Konzept im Weg stehen und dich von deinem Erwachen im Bewusstsein Next Level abhalten.

Doch möchte ich dir sagen: Ich vertraue dir, dass auch du es schaffst. Sobald du den Ruf hörst, gib dich der Transformation hin.

Für den siebten Schritt müssen wir unser anerzogenes Selbstbild opfern und dazu unsere Ideen und Vorstellungen von der Welt. Es ist letztendlich ganz leicht, wir brauchen nur durch unsere Gedanken und Widerstände »hindurchzufallen«, in unser Bewusstsein hinein.
Ich saß noch lange still an meinem Teich und spürte, wie mich aufrichtige und tiefste Hingabe und ein unbeschreibliches Vertrauen durchflossen. Es war ein Vertrauen, das ich nicht erzwingen oder erzeugen konnte, getragen von Liebe und an keine Bedingung, an kein Ziel geknüpft. Ich war frei von Widerständen, einverstanden und verwoben mit dem Fluss des Lebens. Ich wurde in diesen Stunden am Teich zum göttlichen Gefäß. Der Lärm meiner Gedanken, all die Fragen, Ängste, Widerstände, Ziele, Anhaftungen, Zweifel und Erwartungen, er war verklungen und erzeugte keine Trennung mehr von Gott. Meine vibrierende Herzfrequenz war ein großes Ja und befähigte meinen Körper, ein Gefäß zu sein, in dem die göttliche Liebe sich sammeln und von mir zum Ausdruck gebracht werden kann.
Die heilsame Transformation geschieht über Klarheit, Wahrheit und mutiges Vertrauen, hinein in die Liebe. Es ist ein Prozess, der tief

in deinem Inneren stattfindet und sich durch dich nach außen zeigt. Wie die Welt sich selbst und dich wahrnimmt, ist nicht von Bedeutung. Dein Auftrag ist es, deinem Wesen, deiner wahren Essenz treu zu sein. Fordere immer von dir, deine höchste Wahrheit zum Wohle aller zu leben.

Deine Bereitschaft, ein göttliches Gefäß zu sein

Bist du bereit für deine Mission, ein göttliches Gefäß zu sein? Auch wenn es dich berühmt und sichtbar macht? Bist du bereit, diese Mission zu verkörpern, auch wenn sie dich suspekt oder unbeliebt macht? Bist du bereit, dass andere mit dem Finger auf dich zeigen, weil du anders bist?
Bist du bereit, deine Widerstände aufzubrechen? Bist du bereit, anderen zu dienen, indem du ihre Opferspielchen nicht mehr bedienst? Bist du bereit, dich selbst nicht mehr als Opfer zu sehen, auf Anerkennung zu verzichten und der Versuchung der Schwäche zu widerstehen? Wie könntest du denen helfen, die in Trauma und Opferdenken feststecken, wenn du selbst noch in diesen Schwächen badest?

Hüte dich davor, den vielen Wahnvorstellungen anderer Menschen zu verfallen. Bleib nicht als Opfer an Sicherheiten, Ablenkungen und Schuldzuweisungen haften. Bleib die Lösung, nicht das Problem. Wer dich etwas fragt oder um Hilfe bittet, hat dich in deiner Wahrhaftigkeit angesprochen. Verliere dich dann nicht in Opfer-Täter-Spielen und rede anderen nicht aus Nettigkeit nach dem Mund. Vergiss niemals die Botschaft deiner Wahrheit, sondern hilf in Liebe und Klarheit. Nimm Missverständnisse zugunsten deines wahrhaftigen Selbst mit Gelassenheit, Verständnis, Ausdauer, Vertrauen und Vergebung an. Es ist möglich, dass du Zeuge innerer Kämpfe wirst – und du bestehst diese Prüfungen zuerst für dich selbst und später für alle anderen.

Wisse, das Erwachen aus uralten Wahnvorstellungen wird nur sehr selten von Anstand und Liebenswürdigkeit begleitet.

Seien wir bereit, unser erlerntes Selbst- und Weltbild zu opfern, wann immer es nötig ist. Du und ich, wir alle sind hier auf einer ehrenvollen Mission, wach und furchtlos. Mach dich unbeliebt, wenn es sein muss, aber bleib selbst immer in Liebe und Wahrhaftigkeit. Diese Bereitschaft ist die Vorbereitung darauf, zum göttlichen Gefäß zu werden. Je mehr du es loslässt, gefallen zu wollen oder dich beweisen zu müssen, je mehr du den Widerstand gegen das, was ist, aufgibst, umso mehr erlebst du dich informiert und geführt. Du beginnst, das Leben mit seinen Bedingungen friedvoll anzunehmen. Du weißt, es gibt Höhen und Tiefen, Freude und Leid. Du bist einverstanden. Du agierst von einer höheren Warte aus. Aus »Dein Wille geschehe« ist »Dein Wille geschehe durch mich und durch meinen Willen« geworden.

TOOL SIEBEN. SIEBTE AKTIVIERUNG: GÖTTLICHES GEFÄSS

Hier sind drei angenehme und erprobte Übungen, die bei regelmäßiger Anwendung einen erheblichen Beitrag dazu leisten können, dass du zum göttlichen Gefäß wirst.

1. FALLEN

Gut eignet sich für diese Übung Klangschalenmusik. Wenn du Klangschalen zur Verfügung hast, kannst du diese Übung wunderbar mit einem Menschen deines Vertrauens durchführen. Einer von euch spielt die Klangschalen, während der andere die Übung ausführt. Danach könnt ihr tauschen. Wenn ihr zu zweit arbeitet, kann das auch wunderbar draußen in der Natur geschehen. Bitte versucht nicht zu sprechen. Gönnt euch Stille, damit sich die hohe Energie integrieren kann.

Fallen

- Such dir einen Raum, in dem du dich beschützt und ungestört fühlst. Vielleicht magst du dir einen schönen Duft dazunehmen, über die Duftlampe oder ein Räucherstäbchen. Mach dir Musik an (für dreißig bis sechzig Minuten), die ausschließlich instrumentale Klänge enthält, zum Beispiel eben Klangschalen.
- Leg dich auf dein Bett oder auf den Boden, sodass du deine Arme rechts und links von deinem Körper weg ausstrecken kannst. Schließ deine Augen und zentrier dich in deinem Herzen. Nimm dir dafür Zeit und komm tief zur Ruhe.

- Sobald du in einem natürlichen Atemrhythmus angekommen bist, beginne damit, gefühlt durch deinen Verstand hindurchfallen. Stell dir vor, du würdest durch die Wolkendecke deines Verstandes immer weiter in die Tiefe sinken. Fall immer tiefer und tiefer in dein Bewusstsein hinein.
- Fall tiefer und tiefer und tiefer und tiefer, weiter und weiter, lass alles los. Sollten Gedanken auftauchen, fall durch sie hindurch. Wenn dein Verstand beginnt, diesen Prozess zu benennen, fall durch ihn hindurch, immer weiter in die Tiefe.
- Vielleicht empfindet es dein Körper als unangenehm und signalisiert Unruhe. Lass es zu und kümmer dich nicht darum. Nimm alle Anhaftungen und inneren Widerstände wahr und lass sie los.
- Fall durch alles hindurch, bis du tiefen Frieden und Vertrauen in dir fühlst. Dann genieß diesen Zustand. Spüre, wie du ganz sanft in eine dich tragende und durchflutende Zärtlichkeit hineingleitest.
- Du wirst ganz von selbst spüren, wie du wieder in dein Alltagsbewusstsein zurückfindest. Wenn dieser Frieden und das Vertrauen in dir installiert sind, landest du wieder ganz sanft in dir.
- Schließ mit einer tief empfundenen Danksagung.

---

2. BEWUSSTSEIN ANHALTEN

Für die zweite Übung machen wir uns zuerst noch einmal bewusst, dass alles, was wir erschaffen, bereits existiert. Das, was wir Erschaffen nennen, ist einzig die persönliche Beziehung, die wir mit dem Erschaffenen eingehen. Wir entscheiden uns für eine Erfahrung, laden das Entsprechende in unser Leben ein und erleben diesen Vorgang als das Erschaffen. Alles, was wir erleben und erfahren, wahrnehmen und durchleben, geschieht innerhalb unseres Bewusstseins und durch unser Bewusstsein. In unserer dreidimensionalen Wahrnehmung haben wir den Eindruck, wir lebten in der Welt, doch ist es eher so, dass die Welt in uns, sprich, im Bewusstsein existiert. Bewusstsein ist das, was wir selbst sind, wir können ihm somit nicht entrinnen. Wir können es jedoch anhalten und dabei wach und existent sein.

Bewusstsein anhalten

Setz dich bequem hin und stell bei geöffneten Augen für einen Moment alle Gedanken und Vorstellungen ein. Einschließlich deiner Ideen über dich selbst und deiner Idee, was Bewusstsein sein könnte. Halt die Augen geöffnet und sei wach und präsent. Nimm einfach nur wahr und benenne nichts von dem, was du wahrnimmst.

Diese Übung gelingt zu Beginn meist nur für einen Bruchteil von Sekunden. Doch wirst du feststellen, dass in diesem Moment die Zeit stillsteht. Alles scheint für diesen kleinen Augenblick als Ewigkeit zu existieren.

Mit ein bisschen Übung kannst du diesen Zustand auch im Gehen praktizieren. Du wirst feststellen, wie du dich in der Ewigkeit frei bewegen kannst. In diesem gedanken- und vorstellungsfreien Zustand erlebst du dich mit allem verbunden und hast Zugriff auf sämtliche Informationen. Während du eine gefühlte Ewigkeit in dieser angehaltenen Welt verbringst, vergeht in der äußeren Realität nur ein winziger Moment. Mit der Zeit kannst du diese Zeiträume immer weiter ausdehnen. Je geübter du in dieser und der vorherigen Übung bist, umso deutlicher nimmst du dich als das göttliche Selbst war.

3. VERBINDUNG MIT MUTTER ERDE

Christine, eine Teilnehmerin meiner Ausbildung, verlor im Alter von siebenunddreißig Jahren ihren Ehemann und Vater ihrer kleinen Kinder. Der Verlust und die lange Zeit der Pflege hatten sie seelisch ausgelaugt. Um zu sich selbst zurückzufinden und die Herausforderungen des neuen Lebensabschnittes zu bestehen, begann sie, sich zu erden, indem sie ausschließlich barfuß ging. Zuerst startete sie mit morgendlichem Tautreten und dann ließ sie ihre Schuhe einfach generell weg. Auch heute noch trifft man sie meist barfuß an, sogar im Winter im Schnee.

Über unsere Fußsohlen tauschen wir ganz viele Informationen mit Mutter Erde aus. Wir nehmen von ihr Informationen auf und geben an sie Informationen ab. Auch Stress und Belastung können wunderbar über die Fußsohlen abfließen, die Erde transformiert diese Energien sehr gern für uns. Auch die indigenen Völker sagen, dass Schuhe unsere Verbindung zur Wesenheit von Mutter Erde trennen.

Mit den Füßen die Erde küssen

Nutze, wann immer es für dich stimmig ist, diese Heilkraft der Natur. Zieh deine Schuhe aus und lauf durch taufrisches Gras, durch Schnee, über den Boden. Fühl dich bewusst in Verbindung mit der dich liebenden Weisheit von Mutter Erde.

Dein
Shift
ist
geglückt
Seelenessenz,
deine erwachte
Spiritualität

JETZT BEGINNT FÜR DICH EIN NEUES LEBEN

Du bist die sieben Schritte gegangen und siehst die Welt mit anderen Augen. Du kannst ganz deutlich spüren, wie die göttliche Energie durch dich strömt und wirkt. Du bewegst dich liebend durch die Welt und denkst nicht mehr so viel nach. Es ist eher ein inspirierter Zustand und ein Wahrnehmen der Schöpfungsenergie. Auch erlebst du, dass andere Menschen spüren, dass mit dir etwas anders ist, und sie beginnen, deine Nähe zu suchen. Als bei mir der Prozess, zum göttlichen Gefäß zu werden, geglückt war, nahm dies auch mein Umfeld ganz deutlich war. Viele meiner Mitmenschen können seither die Wesenheit meines höheren Selbst mehr oder weniger intensiv spüren, egal wie sie dies benennen.

Vielleicht regt sich jetzt auch bei dir der Wunsch, deine Energie sinnhaft einzubringen. Vertraue deiner inneren Führung, du wirst jetzt an den Platz geleitet, den du mit deiner Präsenz ausfüllen darfst. Häufig hören wir von Menschen, dass sie »ihre Erfüllung suchen« – das ist ein nehmender Aspekt. Bei dir ist es jetzt anders, du bist erfüllt und wirst einen Bereich ausfüllen – das ist der gebende Aspekt. In meinen Ausbildungen geschehen regelmäßig Spontanheilungen, obwohl ich dies weder verspreche noch anvisiere. Es ist vielmehr so, dass die höhere Wesenheit meines Seins Harmonie im Energiefeld des betreffenden Menschen erzeugt. Das hat mit mir als Mensch nichts zu tun, ich bin lediglich das Gefäß, durch das die Energie fließt. Ich lehre meine Teilnehmer und Teilnehmerinnen, dieses ebenfalls zu erreichen. Denn heute weiß ich: Dieser Zustand ist nichts Außergewöhnliches, sondern er ist für jeden von uns erfahrbar.

DER INKARNATIONSPROZESS DES MENSCHEN

Um mit dir zu vertiefen, welch wundervoll geliebtes Wesen du bist, möchte ich mit dir den Inkarnationsprozess teilen, den der Mensch während seiner Entstehung durchläuft. Ich tue es so, wie es auch mir einmal sehr anschaulich gezeigt wurde. Es ist gut möglich, dass dies nur eine Facette von vielen Weisen ist, wie wir die Inkarnation begreifen können. Doch sie ist wahr, neben möglicherweise noch anderen gültigen Facetten dieses Ganzen.

Bevor du zum Individuum wirst,
bist du formlos im All-Eins-Bewusstsein existent.
Es gibt nichts, was du nicht bist, und du bist dir
deiner All-Existenz bewusst.

Irgendwann verspürst du als Bewusstsein eine Art Wunsch, eine Anziehung oder die Neugierde, ein bestimmtes Gefühl oder einen Gedanken isoliert von allem anderen zu erfahren. In diesem Moment beginnt sich dein Bewusstsein auf dieses Gefühl oder den Gedanken zu fokussieren. Immer tiefer sinkst du in das Angestrebte ein und löst dich dadurch immer mehr von der All-Einheit. Dieses Lösen ist bereits eine erste große Herausforderung. Es gibt allerdings auch Bewusstseine, die es in Gänze genießen. Bei den meisten jedoch zeigen sich hier die ersten Erfahrungen von Angst, Widerstand und Trennung. Durch diese Erfahrung gehen wir aber nicht allein. All unsere Ahnen und Mitglieder unserer Seelenfamilien begleiten diesen Prozess. Bildlich wurde es mir so gezeigt, dass sie im Kreis um uns herum sitzen und unser Hineinfallen in das Gefühl, das Loslösen aus der Einheit und letztendlich das Hineinsinken in den kleinen entstehenden Menschenkörper besingen. Mit beruhigenden, aber auch drängenden

Klängen, mit sanften und kraftvollen kosmischen Gesängen begleiten sie uns auf unserem Weg in den Menschenkörper. Diese Gesänge beinhalten eine Fülle von Liebe und Informationen für dieses Leben. Sie bauen ein Energiefeld auf, das uns unser Leben lang begleitet. Es entsteht eine Art Energie-Raum, in dem wir uns fortan bewegen. Er enthält auch im weitesten Sinne unsere karmischen Aspekte und Aufgabenstellungen, die wir als Mensch in unserem Leben erfahren werden. Sanfte, Vertrauen spendende Berührungen auf energetischer Ebene unterstützen das Menschwerden ebenso. Es ist ein Dienst der tiefsten Liebe aus der Präsenz der Verbundenheit. Es wird dich vielleicht überraschen, wenn ich dir sage, dass diese Gesänge und Berührungen bis zu deinem Lebensende bei dir sind. Und sobald du deinen Körper verlässt, werden sie dich ganz sanft wieder in die Einheit zurück begleiten.

Für uns als Menschen ist das schwer zu verstehen. Vielleicht drängt sich uns die Frage auf, ob unsere Vorfahren nichts Besseres zu tun haben, als weiterhin für uns hier auf der Erde da zu sein. Doch berücksichtige bitte, dass Zeit in der Form, wie wir sie erleben, nicht existiert. Alles ist ein Akt der Liebe und des Dienens. Auch das Gesetz der Gleichzeitigkeit ist für unseren Verstand schwer nachzuvollziehen und doch stimmt es: Alles existiert gleichzeitig, in allen Dimensionen und in der ewiglichen Unendlichkeit.

So wie wir den Werdensprozess als herausfordernd empfinden können, ist es auch möglich, dass wir unseren Sterbeprozess als herausfordernd erleben. Denn letztendlich eint eine Sache beide Erfahrungen: das Loslassen des Gewohnten. Diese Herausforderung ist ein wichtiger Baustein für die Schöpfung, denn die dadurch erzeugte Spannung dient als Motor für die Entwicklung. Dieser gesamte Prozess ist in Liebe eingebettet, von ihr getragen und von ihr durchdrungen. Es kann uns nichts passieren, wir landen immer in der Liebe und einzig unser Widerstand, unser Misstrauen ihr gegenüber, kann diesen Prozess unangenehm werden lassen.

FINDE DEINE SEELENESSENZ

Die Art, wie du durch den Entstehungsprozess hindurchgehst, bestimmt deine Seelenessenz. Welche herausfordernde Spannung hast du bei deiner Menschwerdung gefühlt? Und womit konntest du sie überwinden? Das macht deine Seelenessenz aus.

Die besänftigenden und die fordernden Gesänge deiner Ahnen haben dir geholfen, genau diese Essenz immer wieder zu nutzen. Sie war auch in den ersten Lebensjahren erkennbar. Häufig wurde von uns dann aber ein Verhalten oder eine Entwicklung abverlangt, die unsere Essenz herausforderte. Das erklärt auch, warum wir meist heute noch mit unserer Seelenessenz im Widerstand sind. Oftmals gab es unausweichliche Situationen in unserer Kindheit, die sich als traumatisch beschreiben lassen. Auch sie haben wir letztlich mit unserer Seelenessenz gemeistert.

Lass mich dir anhand meines persönlichen Beispiels aufzeigen, wie du bei dir suchen kannst. Meine Essenz ist die Hingabe. Bei meiner Entstehung war ich sehr im Widerstand. Es ging mir zu schnell, ich fühlte mich nicht vorbereitet und genötigt, aber vor allem ohnmächtig dem Prozess des Loslassens und des Einlassens aufs Unbekannte ausgeliefert. Das zeigte sich auch im Irdischen. Ich war nicht geplant, entstand zu einem unpassenden Zeitpunkt, wurde zu früh und in eine ziemlich verrückte Familienkonstellation hineingeboren. Dieses Empfinden spiegelte sich auch in meiner Kindheit und in meinen Jugendjahren wider. Ich war chaotischen und schmerzhaften Lebensbedingungen ausgesetzt und hatte keine Wahl, als mich zu fügen und alles geschehen zu lassen. Diese Beschreibung »fügen und geschehen lassen müssen« ist dabei allerdings noch die verurteilende Zerrform meiner Seelenessenz. Es ist noch der wütende Widerstand gegen die Essenz. Er erzeugte bis in mein Erwachsenenleben hinein verzerrte und schmerzhafte Lebensumstände. Soweit ich zurückdenken kann, war ich sehr im Widerstand mit der Hingabe. Ich konnte regelrecht zu einer Furie werden, wenn man mir zu nahe kam und etwas von mir erwartete. Erst als ich meine Seelenessenz erkennen konnte, begriff ich, dass meine Kindheitserfahrungen ihre Stabilisierung förderten.

Alles, was ich erlebt hatte, wollte meine Hingabefähigkeit fördern.

Als ich dies tief in mir fühlte, konnte ich umgehend Frieden mit meiner Seelenessenz schließen. Aus »fügen und geschehen lassen müssen« wurde ein hingebungsvolles Einlassen, ein tiefes Eintauchen in das, wofür ich mich interessiere. Ich bin heute die verkörperte Hingabe. Sobald wir unsere Seelenessenz annehmen, kann sich auch die daraus resultierende Wirkmacht entfalten.

WELCHE SEELENESSENZ VERKÖRPERST DU?

Viele Menschen durfte ich schon dabei unterstützen, ihre Seelenessenz zu finden. Es ist fast immer der gleiche Prozess. Erst begegnen wir dem Widerstand gegen die Essenz, dann folgt das Erkennen, das Fühlen und dann werden tiefe Liebe und Frieden aktiviert. Sobald das geschieht, ist es, als ob ein Staudamm bricht und die jeweilige Wirkmacht, die aus der entsprechenden Seelenessenz resultiert, bahnt sich ihren Weg im Leben des oder der Betreffenden. Manche Menschen sind die Essenz des Vertrauens oder des Rückzugs, der Kontrolle, der Leichtigkeit, der Verantwortung oder des Beobachtens. Manche sind die Essenz des Fühlens, der Freude oder des Ausgleichs. Ich könnte hier Seiten füllen mit Essenzen.

Welche Essenz bist du?

Frage dich, bevor du die unten stehende Tabelle zur Hilfe nimmst:

- Mit welchen Gefühlen aus deiner Kindheit bist du im Widerstand?
- Welcher rote Faden zeigt sich in deinem Leben?
- Welche Eigenschaft fordert dein Leben immer wieder von dir ein, obwohl du dich mit Händen und Füßen dagegen wehrst?

Unsere Seelenessenz ist nicht die Seele selbst, sondern die Kraft, die uns in diese Inkarnation geleitet hat, ähnlich einer Geburtswehe. Sie ist ein Werkzeug, das in unserem Leben jede noch so schwierige Situation in die Harmonie führt. Allein die Bedeutung des Wortes Essenz lässt ihre Wichtigkeit erkennen. Es leitet sich aus dem Griechischen *ousia* für »Seiendheit« oder aus dem Lateinischen *essentia* für »Wesen« ab. Deine Essenz ist deine Wesenheit. Diese Wesenheit dient in ihrer Beschaffenheit als Wirkmacht der Schöpfung. Deine Essenz ist damit das Gefühl oder die Eigenschaft, auf die du dich konzentriert hast, als deine Verdichtung ins Menschenleben begann.
Im Folgenden gebe ich dir ein paar Beispiel für Seelenessenzen, sie sollen dir als Orientierung dienen und stellen nur einen kleinen Auszug der Möglichkeiten dar. Für die Neue Erde empfinde ich es als wertvoll, die eigene Seelenessenz zu kennen, damit sie frei schwingen und sich ungehemmt entfalten kann. Jede Essenz hat ihre Berechtigung und wird für die Harmonie der Ganzheit gebraucht.

Seelenessenz	Daraus resultierende Kraft	Ungeheilter Ausdruck
Hingabe	Schöpferkraft, Erschaffen, Kreieren, Kreativität, Lösungen	Widerstand, Misstrauen, Abwehr, Aggressivität, Ego, Eitelkeit, Besserwisserei, alles allein machen, Unverständnis, Opferhaltung, Stress, Druck
Vertrauen	Mut, »Ich kann«, Macher, Selbstvertrauen, Berufung	Selbstzweifel, Einsamkeit, Beziehungsunfähigkeit, falsche Freunde, Opferhaltung, Stress, Druck
Rückzug	Aktiv etwas einbringen, etwas bewegen, Einfluss nehmen, gute Beziehungen, Offenheit, Selbstliebe	Unkonzentriertheit, nicht ankommen im Leben oder im eigenen Körper, Gefühl, dumm zu sein, nicht dazuzugehören
Beobachten	Klarheit, große Zusammenhänge erfassen, Klugheit, Weisheit, Mut, lebensgestaltend, unabhängig	Abhängigkeit, Unsicherheit, allein nicht lebensfähig, Ausreden, Abbrüche, Flucht vor dem Leben, Stress, Druck
Kontrolle	Vertrauen ins Leben und in sich selbst, Loslassen, Selbstliebe, bedingungslose Liebe, Verständnis, Verbundenheit mit höherer Macht	Dominanz, Angst, Kontrollzwang, unterdrückte Wut, Unsensibilität, Kopflastigkeit, Chaos, laut, muss/will funktionieren, fremdgesteuert, unerfüllt
Verantwortung	Stille, Schönheit, Genuss, Harmonie, Hilfsbereitschaft	Aufopferung, Unsicherheit, Angst, Sicherheit im Außen suchend, sich verbiegen
Ausgleich	Verbindungen, im Einklang sein, den eigenen Weg erkennen und gehen, Pioniere	Ungesunde Anpassung, Oberflächlichkeit, sich verstecken, Rückzug, Angst vor Ablehnung
Leichtigkeit	Sich um eigene Angelegenheiten kümmern, Humor, Authentizität	Phlegmatiker, Chaos, finanzielle Verluste, Opfer von Betrug, unauthentisch, fahrig
Freude	Liebe, Leichtigkeit, im Flow sein, Klarheit	Trauer, Kummer, Sorgen, Angst,

Seelenessenz	Daraus resultierende Kraft	Ungeheilter Ausdruck
Mitfühlen	Klarheit, Zupacken, Entscheidungen treffen, Führen	Mitleiden, »zu gut« für diese Welt sein, nah am Wasser gebaut, nicht in die eigene Kraft kommen, körperlich schwach
Verständnis	Hellwissen, Hellfühlen, heilende Fähigkeiten	Sich aufopfern, sich ungeliebt fühlen, sich aufgeben, um gemocht zu werden, seelische Isolation, Sucht
Loslassen	Erfahrungen machen, Abenteuer suchen, Reisen, das Leben entdecken, andere fördern und inspirieren	Festhalten, Klammern, Eifersucht, sich in den Mittelpunkt drängen, Verlustangst
Wahrnehmung	Klare Sicht, übernatürliche Fähigkeiten, Himmel und Erde verbinden, Zugang zu höherem Wissen	Angst, psychotisch, Spüren von niederen oder dunklen Energien, Isolation, nicht verstanden werden
Einbringen	Sein, Hingabe, heilende Hände, Magnet für Erfüllung oder Reichtum	Störend, narzisstische Züge, tiefe Unsicherheit und Angst, diese könnte entdeckt werden, Boshaftigkeit, unbewusster Druck und Stress, der sich körperlich zeigt
Abgrenzung	Selbstliebe, bei sich sein, Klarheit, Verbindung mit anderen, sich fühlen	Misstrauen, Kopflastigkeit, Leistungszwang, innere und/oder körperliche Taubheit, unterdrückte Wut, Selbsthass

Neustart

Belebe
die Neue Erde

DAS GEWEBE DES SEINS

Bei den indigenen Völkern erzählt man sich eine Geschichte, die in den unterschiedlichen Stämmen etwas variieren kann, jedoch in der Substanz ähnlich ist: Am Anfang war das Nichts. Alles war Dunkelheit. Es gab nichts, nur die Mutter. Sie war reiner Geist, ohne Form. Sie begann zu denken. Die Mutter erdachte die Welt in der Dunkelheit. Sie erdachte uns als Ideen, so wie wir uns ein Haus vorstellen, bevor wir es bauen. Sie spann den Faden, wob uns alle in die Geschichte ein und schuf uns in ihren Gedanken. Und dann kam das Licht und die Welt wurde Wirklichkeit.

Wir alle sind miteinander verwoben und bilden das Ganze. Die Welt entstand durch den einen Gedanken und kreiert sich weiter durch unsere Gedanken. Unsere Gedanken weben die Fäden im Gewebe der Zeit. Du bist nun ein bewusster Teil dieses Gewebes und leistest deinen Beitrag zur Wirklichkeit. Denn der Weg hört niemals auf.

Allem Handeln vorweg stehen unsere Gedanken. Halte den Fokus. Was denkst du über dich? Selbstzweifel zerreißen die Fäden im Gewebe. Schlecht über andere zu sprechen und zu denken, schwächt die Fäden und macht sie brüchig. Halte den Fokus und korrigiere dich immer wieder, wenn du dich dabei erwischst, schlecht über dich oder andere zu denken und zu sprechen. Halte den Fokus auf Liebe und Wertschätzung ausgerichtet. Erkenne Not und Dysbalance, schreite mutig ein, wenn es nötig ist, halte jedoch deine Gedanken rein. Reinige immer wieder deinen Geist, indem du achtsam wirst und negative Gedanken korrigierst. Am Anfang bin ich den halben Tag herumgelaufen und habe unfassbar viel in mir selbst korrigiert. Auch viele Gespräche mit anderen musste ich immer wieder rüde unterbrechen, um der Kommunikation eine reine neue Richtung zu geben, wenn wir uns in etwas Unbewusstes verstiegen hatten. Das kann mitunter ein sehr intensives Training sein. Aufgeben und sich gehen lassen gibt es jetzt nicht mehr für dich. Du bist wach und informiert, du kannst nicht mehr zurück in die Unbewusstheit. Das Gewebe ist unsere Lebensgrundlage, wir sind verpflichtet, unsere Gedanken achtsam zu verweben und Fehler umgehend zu korrigieren. Ich sage dann immer still in mir »Stopp, ich korrigiere« und wandle den Gedanken.

DIE NEUE ERDE

Unsere Gedanken weben das Netz und die Zwischenräume sind mit Liebe ausgefüllt. Alles Verwobene ist gebettet in Liebe. Halte dein Herz auf Liebe und Schönheit ausgerichtet. Suche in allem die Schönheit. Beginne mit andern Menschen und frage dich: Was ist das Schöne an ihnen? Erkenne ihr Bemühen und ihren Beitrag. Suche die Schönheit in anderen und du findest sie auch in dir. Unterlasse jeden hässlichen und vergiftenden Gedanken und jedes hässliche und vergiftende Gefühl.

Halte den Fokus,
trainiere und korrigiere, was das Zeug hält.
Fokus, Fokus, Fokus!

Belebe die Neue Erde mit Schönheit, Dankbarkeit und Liebe. Verzeih dir alles, was du gern ungeschehen machen möchtest. Verbinde dich wieder mit deiner Unschuld und tu dies auch bei allen, die dich verletzt und enttäuscht haben. Verzeih dir und der Welt alles. Wisse, dein geheiltes Herz sendet ein wunderschönes Energiefeld aus, welches das Gewebe der Gedanken belebt. Dieses Herzfeld ist ein Frequenzmuster, das wunderschöne Muster in den schillerndsten Farben und Klängen bildet, und ich wünsche mir, dass du dies auch bald sehen kannst. So erschaffen wir eine Neue Welt, eine Welt der Liebe und der Schönheit.

KINDER DER NEUEN ZEIT

Zur Neuen Zeit gehören Seelen, die neu hier auf die Erde kommen. Die Geburt ist ein heiliger Akt und immer eine Einweihung für Mutter und Kind. Sie sollte, wenn es die Umstände erlauben, so bewusst und natürlich wie möglich erlebt werden. Mutter und Kind arbeiten in tiefer Verbindung während des Geburtsprozesses zusammen und beide begegnen der unglaublichen Schöpferkraft, die das Leben hervorbringt. Auch die Väter werden in ihre Kraft eingeweiht, wenn sie einer natürlichen Geburt beiwohnen dürfen. Diese Kraft ist wichtig, um uns als Eltern zu befähigen, unsere Kinder in ihre eigene Stärke begleiten zu können, und es ihnen zu ermöglichen, sich gemäß ihres beachtlichen Seelenauftrages zu entfalten.

Besonders in unserer aktuellen Zeit werden große Seelen in einen kleinen Menschenkörper geboren. Begleiten und schützen wir sie, hören wir ihnen zu, nehmen wir uns Zeit für sie. Begegnen wir ihnen mit Respekt und innerlich auf Augenhöhe. Es sind die Kinder der Neuen Zeit, mit der großen Aufgabe betraut, die Welt des Friedens und der Ganzheit zu gestalten. Sie sind durch einen reinen Kanal mit ihrem Selbst verbunden – erhalten wir ihnen diesen Zugang. Wir als Eltern und Großeltern bilden ein wertvolles Netz, um den Kindern der Neuen Zeit Vertrauen, Mut, Stärke und Liebe zu schenken, damit sie die großen Veränderungen in der Welt vollbringen können.

Achten wir unsere heilige Aufgabe und lehren wir durch unser Vorbild Achtsamkeit, Verbundenheit, Respekt und Verantwortung.

DU LEUCHTTURM-MENSCH DER NEUEN ZEIT

Es ist eine große Herausforderung, die Neue Erde zu erschaffen, während die bisherige Welt noch lautstark rumort. Allerdings ist es auch eine große Ehre, bei diesem Übergang dabei zu sein und ihn mitzugestalten. Tun wir dies mit unserer neuen Bewusstseinsdimension der Liebe und der Freude.

Ich danke dir für unsere Begegnung, für deinen Mut und deine Entschlossenheit. Für deinen Fokus, deine Kontinuität und deine Klarheit. Ich danke dir für deine Achtsamkeit, deine Bewusstheit, deine Liebe und dein Leuchten. Mögest du vielen Menschen eine Orientierung sein.

In Liebe, deine Schwester im Geiste
Deine Linda

LINDA GIESE

ist Seins-Potenzial-Coach, Chakra-Therapeutin und ein spirituelles Kraftpaket. Von Kindheit an mit außergewöhnlichen Wahrnehmungsfähigkeiten gesegnet, machte sie sich am Beginn des neuen Jahrtausends als spirituelle Beraterin und Coach selbstständig. Viele Jahre lang beriet sie auch in TV-Live-Sendungen und veröffentlichte einige Bücher wie beispielsweise das Kinder-Hörbuch *Anton und Sofie* oder das heilsame Kochbuch *Chakra Food*. Als ausgebildete Speakerin und erfahren durch zahlreiche innere Prozesse und schamanische Einweihungen begeistert sie seit 2018 wöchentlich Tausende mit ihrem »Lebe glücklich«-Podcast. 2022 gründete sie die Soulbusiness Academy GmbH – ein Zeichen für die Neue Zeit.

Linda kennenlernen

Kontakt: www.linda-giese.de
Podcast: https://open.spotify.com/show/2kIYrko8w6s2AjkgyHskYg
Youtube: youtube.com/@LindaGiese

Mit Linda arbeiten

Chakra-Therapie-Ausbildung: Jahresausbildung online & Präsenzwochenenden
Seins-Potenzial-Coach-Ausbildung – sechs Monate online

LIEBE LESERINNEN UND LESER,
wir wollen Ihnen mit diesem Buch Informationen und Anregungen geben, um Ihnen das Leben zu erleichtern oder Sie zu inspirieren, Neues auszuprobieren. Wir achten bei der Erstellung unserer Bücher auf Aktualität und stellen höchste Ansprüche an Inhalt und Gestaltung. Alle Anleitungen, Übungen oder Rezepte werden von unseren Autoren, jeweils Experten auf ihren Gebieten, gewissenhaft erstellt und von unseren Redakteur*innen mit größter Sorgfalt ausgewählt und geprüft.

Haben wir Ihre Erwartungen erfüllt? Sind Sie mit diesem Buch und seinen Inhalten zufrieden? Wir freuen uns auf Ihre Rückmeldung. Und wir freuen uns, wenn Sie diesen Titel weiterempfehlen, in Ihrem Freundeskreis oder bei Ihrem Online-Kauf.

Sollten wir Ihre Erwartungen so gar nicht erfüllt haben, tauschen wir Ihnen Ihr Buch jederzeit gegen ein gleichwertiges zum gleichen oder ähnlichen Thema um.

KONTAKT ZUM LESERSERVICE
GRÄFE UND UNZER VERLAG
Grillparzerstraße 12
81675 München
www.gu.de

IMPRESSUM

unum

unum ist eine eingetragene Marke der GRÄFE UND UNZER VERLAG GmbH, www.gu.de

ISBN 978-3-8338-8751-2
1. Auflage 2023

Projektleitung: Anja Schmidt
Lektorat: Dr. Diane Zilliges
Umschlaggestaltung und Layout: ki36 Editorial Design, Daniela Hofner
Bildnachweis Cover: Nasa/Unsplash (Erdkugel), Stocksy; Autorinnenfoto S. 190: Isabell Giese
Herstellung: Renate Hutt
Satz: Uhl + Massopust, Aalen
Reproduktion: Longo AG, Bozen
Druck und Bindung: Livonia Print, Lettland

Umwelthinweis

Nachhaltigkeit ist uns sehr wichtig. Der Rohstoff Papier ist in der Buchproduktion hierfür von entscheidender Bedeutung. Daher ist dieses Buch auf PEFC-zertifiziertem Papier gedruckt. PEFC garantiert, dass ökologische, soziale und ökonomische Aspekte in der Verarbeitungskette unabhängig überwacht werden und lückenlos nachvollziehbar sind.

Syndication: www.seasons.agency

Die unum-Homepage finden Sie unter: www.unum-verlag.de

GRÄFE UND UNZER
Ein Unternehmen der GANSKE VERLAGSGRUPPE